Langenscheidt

Kurzgrammatik Französisch

von Sophie Vieillard

Langenscheidt

Berlin · München · Wien · Zürich · New York

Druck: Druckhaus Langenscheidt, Berlin
Printed in Germany
ISBN 3-468-35151-8

4. 5. 6. 7. 8. * 08 07 06 05 04

Inhaltsverzeichnis

Grammatische Fachausdrücke und ihre deutschen und französischen Entsprechungen

Adjektiv	Eigenschaftswort; *adjectif:* das **braune** Kleid
Adverb	Umstandswort; *adverbe:* Er fährt **morgen** ab.
Aktiv	Tätigkeitsform; *forme active:* Der Mann **öffnet** die Tür.
Artikel	Geschlechtswort; *article:* **das** Haus; **ein** Freund
conditionnel	Bedingungsform, Konditional: *il donnerait* er **würde geben**
Demonstrativpronomen	hinweisendes Fürwort; *adjectif/pronom démonstratif:* **dieses** Buch; **dieses**
Femininum (Fem.)	weibliche Form; *féminin:* Freundin, sie, die
Futur I	erste Zukunft; *futur simple:* Ich **werde fragen.**
Futur II	zweite Zukunft; *futur antérieur:* Ich **werde gefragt haben.**
Imperativ	Befehlsform; *impératif:* **Geh(e)!**
Imperfekt	Mitvergangenheit; *imparfait: il donnait* er **gab/hat gegeben**
Indefinitpronomen	unbestimmtes Fürwort; *adjectif/pronom indefini:* jemand, jeder
Indikativ	Wirklichkeitsform; *indicatif:* Er **geht** sofort.
indirekte Rede	wiedergegebene Rede; *discours indirect:* Frau Schmidt sagte, **ihr Mann sei im Büro.**
Infinitiv	Grundform; *infinitif:* (zu) gehen
Komparativ	1. Steigerungsstufe; *comparatif:* länger
Konjugation	Beugung; *conjugaison:* gehen, geht, ging
Konjunktion	Bindewort; *conjonction:* Er fragt, **ob** du kommst.
Konsonant	Mitlaut; *consonne:* b, c, d, k, l, s, t
liaison	Bindung
Maskulinum (Mask.)	männliche Form; *masculin:* Freund, er, der
Modus/-i	Aussageweise; *mode:* Er **ist** reich. **Sei** brav!
Objekt	Satzergänzung; *objet:* Der Mann öffnet **die Tür.**
Partizip Perfekt	Mittelwort der Vergangenheit; *participe passé:* gebacken
Passiv	Leideform; *forme passive:* Die Tür **wird geöffnet.**
passé simple	historisches Perfekt: *il donna* er **gab/hat gegeben**
Perfekt	Vorgegenwart; *passé composé: il a donné* er **gab/hat gegeben**
Personalpronomen	persönliches Fürwort; *pronom personnel:* ich, er, Sie
Plural	Mehrzahl; *pluriel:* die Kirschen
Plusquamperfekt	Vorvergangenheit; *plus-que-parfait:* Der Film **hatte** bereits **begonnen,** als wir ankamen.
Positiv	Grundstufe; *positif:* das **grüne** Kleid
Possessivpronomen	besitzanzeigendes Fürwort; *adjectif/pronom possessif:* **mein** Buch; **meines**
Prädikat	Satzaussage; *prédicat:* Die Frau **bäckt einen Kuchen.**
Präposition	Verhältniswort; *préposition:* auf, gegen, mit
Präsens	Gegenwart; *présent:* Ich **gehe.**
Pronomen	Fürwort; *pronom:* ich, dieser, dein
Reflexivpronomen	rückbezügliches Fürwort; *pronom réfléchi:* Er wäscht **sich.**
Relativpronomen	bezügliches Fürwort; *pronom relatif:* Wo ist das Buch, **das** ich gekauft habe?
Relativsatz	bezüglicher Nebensatz; *phrase relative:* Wo ist das Buch, **das ich gekauft habe?**
Singular	Einzahl; *singulier:* eine, die Kirsche
Subjekt	Satzgegenstand; *sujet:* **Das Kind** spielt mit der Katze.
subjonctif	Möglichkeitsform, Konjunktiv: Ich **wünschte,** du **kämst!**
Substantiv	Hauptwort; *nom:* der **Tisch**
Superlativ	2. Steigerungsstufe; *superlatif:* der Schönste, am besten
Verb	Zeitwort; *verbe:* gehen, kommen
Vokal	Selbstlaut; *voyelle:* a, e, i, o, u

1 Der Artikel

Der Artikel im Französischen hat nur ein Maskulinum und ein Femininum. Das Neutrum gibt es nicht.

1.1 Der bestimmte Artikel

1.1.1 Formen

Maskulinum			Femininum		
Singular		Plural	Singular		Plural
le livre	*das Buch*	**les** livres	**la** rue	*die Straße*	**les** rues
l'enfant	*das Kind*	**les** enfants	**l'**orange	*die Orange*	**les** oranges

Vor Substantiven, die mit Vokal oder stummem *h* beginnen, wird der bestimmte Artikel *le* oder *la* zu *l'*.

Verschmelzung des bestimmten Artikels *le* und *les* mit den Präpositionen *à* und *de*:

à + le = au

Valentin va **au** cinéma.
Valentin geht ins Kino.

à + les = aux

une tarte **aux** pommes
eine Apfeltorte

de + le = du

le fils **du** directeur
der Sohn des Direktors

de + les = des

la maison **des** voisins
das Haus der Nachbarn

1.1.2 Gebrauch

Der bestimmte Artikel steht vor Substantiven, die schon erwähnt worden, eindeutig bestimmt oder allgemein bekannt sind.

Der bestimmte Artikel bleibt auch in verneinten Sätzen bestehen:

Mon frère aime **le** chocolat. *Mein Bruder mag Schokolade.*
Mon frère n'aime pas **le** chocolat. *Mein Bruder mag keine Schokolade.*

Der bestimmte Artikel steht bei

- Kontinenten, Ländern, großen Inseln und Regionen

l'Europe *Europa*
la France *Frankreich*
le Périgord *das Perigord*
la Bavière *Bayern*

l'Allemagne *Deutschland*	**la** Corse *Korsika*
Aber: Cuba *Kuba*	**Aber:** Malte *Malta*

- Personennamen

Les Durand dorment encore. — *Die Durands schlafen noch.*

Personennamen werden im Französischen nicht angeglichen.

- Körperteilen

Isabelle a **les** yeux verts. — *Isabelle hat grüne Augen.*

- Wochentagen

Der bestimmte Artikel steht bei Wochentagen zum Ausdruck einer Gewohnheit.

Le lundi soir je vais au cinéma. — *Montags abends gehe ich ins Kino.*
Aber:
Il part en vacances lundi prochain. — *Er fährt nächsten Montag in Urlaub.*

- kirchlichen Feiern

à **la** Pentecôte — *zu Pfingsten*
Aber: à Noël, à Pâques — *zu Weihnachten, zu Ostern*

- Gattungen und Stoffnamen

la musique classique — *klassische Musik*
L'or est un métal précieux. — *Gold ist ein Edelmetall.*

1.2 Der unbestimmte Artikel

1.2.1 Formen

Abweichend vom Deutschen hat der unbestimmte Artikel im Französischen eine Pluralform: *des.*

Maskulinum			**Femininum**		
Singular		Plural	Singular		Plural
un livre	*ein Buch*	**des** livres	**une** table	*ein Tisch*	**des** tables

1.2.2 Gebrauch

Der unbestimmte Artikel wird im Französischen meist so verwendet wie im Deutschen: Er steht vor nicht näher bestimmten Substantiven.

Une femme lui a téléphoné. — *Eine Frau hat ihn angerufen.*

Vor Substantiven im Plural mit vorangehendem Adjektiv wird der unbestimmte Artikel *des* zu *de:*

Diane a **des** enfants adorables. — *Diane hat entzückende Kinder.*
Diane a **de** beaux enfants. — *Diane hat schöne Kinder.*

Die Verneinung des unbestimmten Artikels erfolgt durch **ne ... pas de** = kein:

Claire a **une** voiture. — *Claire hat ein Auto.*
Claire **n'**a **pas de** voiture — *Claire hat kein Auto.*

Bei dem Verb *être* (sein) verändert sich der unbestimmte Artikel in der Verneinung jedoch nicht:

C'est **un** meuble ancien. — *Das ist ein altes Möbelstück.*
Ce **n'**est **pas un** meuble ancien. — *Das ist kein altes Möbelstück.*

1.3 Der Teilungsartikel

1.3.1 Formen

Maskulinum		Femininum		Plural	
du vin	*Wein*	**de la** musique	*Musik*	**des** épinards	*Spinat*
de l'argent	*Geld*	**de l'**eau	*Wasser*		

Vor Substantiven, die mit Vokal oder stummem *h* beginnen, steht der Teilungsartikel *de l'*.

1.3.2 Gebrauch

Der Teilungsartikel steht im Französischen bei:

- nicht zählbaren Dingen und unbestimmten Mengen

Cédric boit **du** thé au petit déjeuner. — *Cédric trinkt Tee zum Frühstück.*
Je voudrais **de l'**eau, s'il vous plaît. — *Ich hätte gerne Wasser bitte.*

- Abstrakta

Valentine a **de la** chance. — *Valentine hat Glück.*

- *faire* + Teilungsartikel + Tätigkeit

Yann fait **du** tennis.	*Yann treibt Tennis.*

Nach Mengenangaben + *de* entfällt der Teilungsartikel:

Il y a beaucoup de vent.	*Es ist sehr windig.*
une bouteille de vin	*eine Flasche Wein*

Die Verneinung des Teilungsartikels erfolgt durch **ne ... pas de** = kein:

Cet homme a **du** travail.	*Dieser Mann hat Arbeit.*
Cet homme **n'**a **pas de** travail.	*Dieser Mann hat keine Arbeit.*

Bei dem Verb *être* verändert sich der Teilungsartikel in der Verneinung jedoch nicht:

C'est **du** cuir.	*Das ist Leder.*
Ce **n'**est **pas du** cuir.	*Das ist kein Leder.*

2 Das Substantiv

2.1 Das Geschlecht

Im Französischen sind die Substantive entweder maskulin oder feminin. Man unterscheidet zwischen dem natürlichen Geschlecht von Substantiven, die Personen und Tiere bezeichnen, und dem grammatischen Geschlecht von Substantiven, die keine Lebewesen bezeichnen.

2.1.1 Das natürliche Geschlecht

Allgemein gilt folgende Regel:

Femininum = Maskulinum + -e

Maskulinum		Femininum	
un ami	*ein Freund*	une ami**e**	*eine Freundin*
un voisin	*ein Nachbar*	une voisin**e**	*eine Nachbarin*

Manche Substantive werden jedoch im Femininum durch besondere Endungen gekennzeichnet:

Maskulinum			Femininum		
-er	le boulang**er**	*der Bäcker*	**-ère**	la boulang**ère**	*die Bäckerin*
-teur	le direc**teur**	*der Direktor*	**-trice**	la direc**trice**	*die Direktorin*
	le chan**teur**	*der Sänger*	**-teuse**	la chan**teuse**	*die Sängerin*
-eur	le dans**eur**	*der Tänzer*	**-euse**	la dans**euse**	*die Tänzerin*
-e	le maîtr**e**	*der Meister*	**-esse**	la maîtr**esse**	*die Meisterin*
-an	le pays**an**	*der Bauer*	**-anne**	la pays**anne**	*die Bäuerin*
-on	le patr**on**	*der Chef*	**-onne**	la patr**onne**	*die Chefin*
-en	l'Europé**en**	*der Europäer*	**-enne**	l'Europé**enne**	*die Europäerin*
-ien	le ch**ien**	*der Hund*	**-ienne**	la ch**ienne**	*die Hündin*
-f	le veu**f**	*der Witwer*	**-ve**	la veu**ve**	*die Witwe*

Viele maskuline Substantive auf *-e* ändern ihre Form im Femininum nicht:

Maskulinum		Femininum	
le pianist**e**	*der Pianist*	la pianist**e**	*die Pianistin*
le secrétair**e**	*der Sekretär*	la secrétair**e**	*die Sekretärin*

Einige Substantive haben im Maskulinum und im Femininum unterschiedliche Formen:

Maskulinum		Femininum	
un homme	*ein Mann*	une femme	*eine Frau*
le bouc	*der Bock*	la chèvre	*die Ziege*

Einige Substantive, insbesondere ursprünglich vorwiegend männliche Berufsbezeichnungen, haben keine weibliche Form. Andere dagegen gibt es nur im Femininum:

nur Maskulinum		nur Femininum	
le médecin	*der Arzt/die Ärztin*	la victime	*das Opfer*
le chef	*der Chef/die Chefin*	la sage-femme	*die Hebamme*

2.1.2 Das grammatische Geschlecht

Substantive mit folgenden Endungen sind **meist maskulin:**

-isme	le journal**isme**	*der Journalismus*
-ent	le changem**ent**	*der Wechsel*
-eau	le chap**eau**	*der Hut*
-et	le briqu**et**	*das Feuerzeug*
-ail	le trav**ail**	*die Arbeit*
-al	le sign**al**	*das Signal*
-ier	le pan**ier**	*der Korb*
-age	le gar**age**	*die Garage*
-oir	le mir**oir**	*der Spiegel*

Bäume, Farben, Himmelsrichtungen, Jahreszeiten, Wochentage sowie Metalle und chemische Elemente sind im Französischen **maskulin**:

le chêne	*die Eiche*	le printemps	*der Frühling*
le vert	*Grün*	le mercredi	*der Mittwoch/mittwochs*

Substantive mit folgenden Endungen sind **meist feminin:**

-e	la dans**e**	*der Tanz*
-té	la beau**té**	*die Schönheit*
-ette	la raqu**ette**	*der Schläger*
-ion	la quest**ion**	*die Frage*
-ie	la philosoph**ie**	*die Philosophie*
-ance	la bal**ance**	*die Waage*
-ence	la concurr**ence**	*die Konkurrenz*
-aille	la ferr**aille**	*der Schrott*
-euse	la perc**euse**	*die Bohrmaschine*
-esse	la polit**esse**	*die Höflichkeit*

Viele Ländernamen auf -e sowie Automarken sind im Französischen **feminin**:

la France	*Frankreich*	la dernière BMW	*der neueste BMW*

Manche Substantive haben zwei Geschlechter mit verschiedenen Bedeutungen:

Maskulinum		**Femininum**	
un livre	*ein Buch*	une livre	*ein Pfund*
le voile	*der Schleier*	la voile	*das Segel*
le vase	*die Vase*	la vase	*der Schlick*
le poêle	*der Ofen*	la poêle	*die Pfanne*

2.2 Der Plural

Wie im Deutschen wird im Französischen der Plural der Substantive gebildet, indem sich der Artikel und die Singularendung verändern.

2.2.1 Der regelmäßige Plural

Allgemein gilt folgende Regel:

Plural = Singular + -s

Singular		**Plural**
l'enfant	*das Kind*	les enfant**s**
la voiture	*der Wagen*	les voiture**s**

2.2.2 Der unregelmäßige Plural

- Die Substantive auf *-s-*, *-x* oder *-z* bleiben im Plural unverändert:

Singular		Plural
le pays	*das Land*	les pays
la voix	*die Stimme*	les voix
le nez	*die Nase*	les nez

- Die Substantive auf *-eau*, *-au*, *-eu* bilden den Plural wie folgt:

Plural = Singular + -x

Singular		Plural
le tableau	*das Gemälde*	les tableau**x**
le noyau	*der Kern*	les noyau**x**
aber*:		
le landau	*der Kinderwagen*	les landau**s**
le jeu	*das Spiel*	les jeu**x**
aber*:		
le pneu	*der Reifen*	les pneu**s**

- Die Substantive auf *-ail*, *-al* bilden den Plural wie folgt:

Plural = Singular + -aux

Singular		Plural
le travail	*die Arbeit*	les trav**aux**
aber*:		
le rail	*die Schiene*	les rail**s**
le journal	*die Zeitung*	les journ**aux**
aber*:		
le bal	*der Ball*	les bal**s**

- Folgende Substantive auf *-ou*: *bijou* (Schmuck), *caillou* (Kieselstein), *chou* (Kohl), *genou* (Knie), *hibou* (Eule), *joujou* (Spielzeug), *pou* (Laus) bilden den Plural wie folgt:

Plural = Singular + -x

Singular		Plural
le caillou	*der Kieselstein*	les caillou**x**
aber*:		
le clou	*der Nagel*	les clou**s**

* Ausnahme

2.3 Der Plural der zusammengesetzten Substantive

- Substantiv + Substantiv / Substantiv + Adjektiv / Adjektiv + Adjektiv

Beide Teile verändern sich im Plural:

Singular		Plural
le chou-fleur	*der Blumenkohl*	les chou**x**-fleur**s**
le coffre-fort	*der Geldschrank*	les coffre**s**-fort**s**
le sourd-muet	*der Taubstumme*	les sourd**s**-muet**s**

- Verb + Substantiv

Das Verb bleibt im Plural unverändert:

Singular		Plural
un ouvre-boîte	*ein Dosenöffner*	des ouvre-boîte**s**

2.4 Der Plural der Eigennamen

Im Französischen bleiben die Eigennamen im Plural **unverändert**:

Les Martin sont nos meilleurs amis.	*Die Martins sind unsere besten Freunde*

3 Das Pronomen

3.1 Das Personalpronomen

3.1.1 Formen

Die Personalpronomen haben verschiedene Formen je nach ihrer Funktion im Satz:

Verbundene Pronomen				
Subjektpronomen	**direktes Objektpronomen**	**indirektes Objektpronomen**	**Reflexivpronomen**	**Pronominaladv./neut. Pronomen**
je* *ich*	me*	me*	me*	
tu *du*	te*	te*	te*	
il *er*	le*	lui	se*	
elle *sie*	la*	lui	se*	
nous *wir*	nous	nous	nous	
vous *ihr/Sie*	vous	vous	vous	
ils *sie*	les	leur	se*	
elles *sie*		leur	se*	
				y / en / le*

Unverbundene Pronomen	
betontes Pronomen	**Reflexivpronomen**
moi	
toi	
lui	soi
elle	
nous	
vous	
eux	soi
elles	

* Wird vor Vokalen oder stummem *h* apostrophiert.

3.1.2 Gebrauch

- Die Subjektpronomen

Anders als im Deutschen wird die Höflichkeitsform mit der 2. Person Plural wiedergegeben:

Comment allez-**vous** ? *Wie geht es Ihnen?*

Das Subjektpronomen *il* steht auch als Subjekt unpersönlicher Verben:

Il a neigé ce matin.	*Es hat heute früh geschneit.*

Besonders in der gesprochenen Sprache wird oft das Indefinitpronomen *on* anstelle von *nous* verwendet:

Ce soir, **nous** allons / **on** va au restaurant.	*Heute Abend gehen wir essen.*

- Die Objektpronomen

Die direkten Objektpronomen stehen bei Verben, die **ohne Präposition** verwendet werden:

L'addition ? Je **l'**apporte tout de suite.	*Die Rechnung? Ich bringe sie gleich.*

Steht in einer zusammengesetzten Zeit das direkte Objektpronomen vor dem Hilfsverb *avoir*, so stimmt das Partizip Perfekt in Geschlecht und Zahl mit dem direkten Objektpronomen überein:

La confiture ? Je **l'**ai rangé**e** dans le placard.	*Die Marmelade? Ich habe sie in den Schrank gestellt.*

Die indirekten Objektpronomen stehen bei Verben mit **à-Ergänzungen**:

Tu téléphoneras **à Éric** ? – Oui, je **lui** téléphonerai demain.	*Rufst du Éric an? – Ja, ich rufe ihn morgen an.*

- Die Reflexivpronomen

Die Reflexivpronomen sind Teil der reflexiven Verben und richten sich nach dem Subjekt:

Comment **vous** appelez-vous ? – Diane.	*Wie heißen Sie? – Diane.*

- Das neutrale Personalpronomen *le*

Wie das deutsche „es" verweist das neutrale Pronomen *le* auf ein Satzteil oder einen ganzen Satz:

Tu n'aimes pas le poisson ? Il fallait **le** dire !	*Du magst keinen Fisch? Das hättest du vorher sagen sollen!*

- Das Pronominaladverb *y*

y vertritt eine Ortsangabe, die mit den Präpositionen *à, dans, en, sur, sous* usw. eingeleitet wird:

Ils habitent **en Italie** depuis 3 ans et s'**y** plaisent beaucoup.	*Sie wohnen in Italien seit 3 Jahren, wo es Ihnen sehr gut gefällt.*

y vertritt eine Ergänzung mit der Präposition *à:*

Tu t'intéresses **à l'art moderne** ? – Oui, je m'**y** intéresse de plus en plus.	*Interessierst du dich für moderne Kunst? – Ja, ich interessiere mich immer mehr dafür.*

i Für Personenobjekte wird hier das entsprechende betonte Personalpronomen verwendet:

Vous pensez souvent **à Paul** ? **–** Oui, je pense souvent **à lui.**	*Denken Sie oft an Paul? – Ja ich denke oft an ihn.*

- Das Pronominaladverb *en*

en vertritt eine Ergänzung mit der Präposition *de*:

Je m'en souviens parfaitement (se souvenir + de)	*Ich erinnere mich genau daran.*

i Für Personenobjekte wird hier in der Regel das entsprechende betonte Personalpronomen verwendet:

Il t'a parlé **de Valérie ? –** Oui, il m'a beaucoup parlé d'**elle.**	*Hat er mit dir über Valérie gesprochen? – Ja, er hat viel von ihr gesprochen.*

en vertritt ein Objekt, das durch den Teilungsartikel oder den unbestimmten Artikel eingeleitet wird:

Vous avez **du** bœuf ? – Désolé, je n'**en** ai plus.	*Haben Sie Rindfleisch? – Tut mir Leid, ich habe keines mehr.*
Tu cherches **un** couteau ? Il y **en** a **un** sur la table.	*Suchst du ein Messer? Es liegt eins auf dem Tisch.*

- Die unverbundenen betonten Personalpronomen

Sie werden wie folgt verwendet:

als Subjekt eines Satzes ohne Verb

Je serai là. **Lui** aussi.	*Ich werde da sein. Er auch.*

in Verbindung mit *et, ou, ni*

Toi et moi, on a les mêmes goûts !	*Du und ich, wir haben den gleichen Geschmack!*

nach einer Präposition

C'est joli **chez toi** !	*Es ist hübsch bei dir!*

in Vergleichssätzen

Yann est plus grand que **moi**.	*Yann ist größer als ich.*

nach *c'est*

Qui est là ? – C'est **lui**.	*Wer ist da? – Er.*

- vor dem Subjekt oder in der Konstruktion *c'est* + Relativsatz zur Hervorhebung

Toi, **tu** me caches quelque chose !	*Du verbirgst mir was.*
C'est lui qui a téléphoné.	*Er hat angerufen.*

in der 1. und 2. Person Singular beim bejahenden Imperativ

Écoute-moi bien !	*Hör mir gut zu!*

- Das unverbundene Reflexivpronomen *soi*

Das unverbundene Reflexivpronomen *soi* wird mit Bezug auf ein unbestimmtes Subjekt verwendet:

Chacun est rentré chez **soi**.	*Jeder ist nach Hause gegangen.*

3.1.3 Stellung der verbundenen Objektpronomen

Beim bejahenden Imperativ steht das mit Bindestrich angeschlossene Objektpronomen **nach** dem Verb:

Donnez-**moi** un kilo de pommes.	*Geben Sie mir ein Kilo Äpfel.*

Im Aussagesatz steht das Objektpronomen **vor** dem Verb bzw. dem Hilfsverb:

Tu **lui** as beaucoup manqué.	*Er hat dich sehr vermisst.*

Bei den Modalverben sowie bei dem Verb *aller* zur Bildung des *futur proche* steht das Objektpronomen **vor** dem Infinitiv:

Je peux **vous** prêter un stylo.	*Ich kann Ihnen einen Schreiber leihen.*
L'entreprise va **le** dédommager.	*Die Firma wird ihn entschädigen.*

Gehen dem konjugierten Verb **zwei Objektpronomen** voran, gilt folgende Reihenfolge:

Subjekt +		**1**	**2**	**3**	**4**	**5**			
je		me							
tu		te	le	lui					
il / elle	(ne)	se	la	leur	y	en	Konj. Verb	(pas)	Partizip Perfekt
nous		nous	les						
vous		vous							
ils / elles		se							

Die Kombinationen 1 + 3, 3 + 4 und 4 + 5 außer in der Konstruktion *il y en a* sind nicht möglich!

3.2 Das Demonstrativpronomen

Im Französischen wird zwischen dem Demonstrativbegleiter, der vor einem Substantiv steht, und dem Demonstrativpronomen, das ein Substantiv vertritt, unterschieden.

3.2.1 Formen der Demonstrativbegleiter

Maskulinum		**Femininum**	
Singular	**Plural**	**Singular**	**Plural**
ce livre *dieses Buch*	**ces** livres	**cette** fleur *diese Blume*	**ces** fleurs
cet* enfant *dieses Kind*	**ces** enfants		

* Vor Vokal und stummem *h*

3.2.2 Gebrauch der Demonstrativbegleiter

Zum Hinweis auf räumliche oder zeitliche Nähe bzw. Entfernung werden die Adverbien *-ci* (hier) oder *-là* (da) mit Bindestrich angehängt:

Il fait très chaud **ces** jours**-ci** !	*Es ist zur Zeit sehr warm!*
Ce bateau**-là** appartient à Vincent.	*Das Boot dort gehört Vincent.*

Der Demonstrativbegleiter drückt auch die Zukunft aus:

Ce soir, nous allons au cinéma.	*Wir gehen heute Abend ins Kino.*

3.2.3 Formen der Demonstrativpronomen

	Singular	Plural
Maskulinum	celui *der(jenige)* celui-ci *der/dieser hier* celui-là *der/dieser da*	ceux *die(jenigen)* ceux-ci *die/diese hier* ceux-là *die/diese da*
Femininum	celle *die(jenige)* celle-ci *die/diese hier* celle-là *die/diese da*	celles *die(jenigen)* celles-ci *die/diese hier* celles-là *die/diese da*
Neutrale Formen	ce* *das* cela / ça *das (da)* ceci *das / dies (hier)*	

* *Wird zu c' vor einem Vokal.*

3.2.4 Gebrauch der Demonstrativpronomen

- Die einfachen Formen

Nach den einfachen Formen des Demonstrativpronomens steht meist die Präposition *de* oder ein Relativpronomen:

Depuis qu'on m'a volé mon vélo, je prends **celui de** Valentin.	*Seitdem mein Fahrrad gestohlen wurde, nehme ich das von Valentin.*
La robe noire est **celle que** je préfère.	*Das schwarze Kleid gefällt mir besser.*

- Die zusammengesetzten Formen

Die zusammengesetzten Formen mit -**ci** (hier) und -**là** (da) sind nur möglich, wenn das Demonstrativpronomen **ohne Ergänzung** steht:

Voici vos cadeaux : **celui-ci** est pour toi et **celui-là** pour Anaïs.	*Hier sind eure Geschenke: dieses hier ist für dich und dieses da ist für Anaïs.*

- Die neutralen Formen

ce steht als neutrales Subjekt von *être:*

Honfleur, **c'est** ravissant !	*Honfleur ist entzückend!*

Wird **ce** in Verbindung mit einem Relativpronomen verwendet, verweist es auf einen vorangehenden Satz oder steht als neutrales Pronomen:

La maison a une cave, **ce qui** est très pratique. — *Das Haus hat einen Keller, was sehr praktisch ist.*
Prends **ce que** tu préfères. — *Nimm (das,) was du lieber hast.*

cela bzw. ça in der Umgangssprache steht als neutrales Subjekt außer vor *être:*

Cela / Ça nous a beaucoup plu. — *Es hat uns sehr gut gefallen.*
Comment **ça** va ? — *Wie geht's?*
Ça suffit ! — *Jetzt reicht's!*

3.3 Das Possessivpronomen

Im Französischen wird zwischen dem Possessivbegleiter, der vor dem Substantiv steht, und dem Possessivpronomen, das ein Substantiv vertritt, unterschieden.

3.3.1 Formen der Possessivbegleiter

Besitzer	**Singular**		**Plural**
	Maskulinum	**Femininum**	**Mask./Fem.**
1. Pers. Sing.	**mon** fils *mein Sohn*	**ma** fille *meine Tochter*	**mes** enfants *meine Kinder*
2. Pers. Sing.	**ton** fils *dein Sohn*	**ta** fille *deine Tochter*	**tes** enfants *deine Kinder*
3. Pers. Sing.	**son** fils *sein/ihr Sohn*	**sa** fille *seine/ihre Tochter*	**ses** enfants *seine/ihre Kinder*
1. Pers. Plur.	**notre** fils *unser Sohn*	**notre** fille *unsere Tochter*	**nos** enfants *unsere Kinder*
2. Pers. Plur./ Höflichkeitsform*	**votre** fils *euer/Ihr Sohn*	**votre** fille *eure/Ihre Tochter*	**vos** enfants *eure/Ihre Kinder*
3. Pers. Plur.	**leur** fils *ihr Sohn*	**leur** fille *ihre Tochter*	**leurs** enfants *ihre Kinder*

* Im Französischen wird die Höflichkeitsform mit der 2. Person Plural ausgedrückt und immer klein geschrieben.

3.3.2 Gebrauch der Possessivbegleiter

i Vor Vokalen oder stummem *h-* werden die weiblichen Formen *ma, ta, sa* zu *mon, ton, son:*

Ton histoire est compliquée. — *Deine Geschichte ist kompliziert.*

Im Französischen richtet sich der Possessivbegleiter in Geschlecht und Zahl nach dem Substantiv, vor dem er steht:

Il / Elle a vendu **sa** voiture. — *Er/Sie hat sein/ihr Auto verkauft.*

Der Possessivbegleiter wird im Französischen in vielen Wendungen gebraucht wie z. B.:

C'est **mon** tour. — *Ich bin an der Reihe.*
Prenez **votre** temps ! — *Lassen Sie sich Zeit!*
Je prends **mon** petit déjeuner à huit heures. — *Ich frühstücke um acht Uhr.*

3.3.3 Formen der Possessivpronomen

Besitzer	Singular		Plural	
	Maskulinum	**Femininum**	**Maskulinum**	**Femininum**
1. Pers. Sing.	le mien *meiner*	la mienne *meine*	les miens *meine*	les miennes *meine*
2. Pers. Sing.	le tien *deiner*	la tienne *deine*	les tiens *deine*	les tiennes *deine*
3. Pers. Sing.	le sien *seiner*	la sienne *ihre*	les siens *seine*	les siennes *ihre*
1. Pers. Plur.	le nôtre *unserer*	la nôtre *unsere*	les nôtres *unsere*	les nôtres *unsere*
2. Pers. Plur./ Höflichkeitsform*	le vôtre *eurer/Ihrer*	la vôtre *eure/Ihre*	les vôtres *eure/Ihre*	les vôtres *eure/Ihre*
3. Pers. Plur.	le leur *ihrer*	la leur *ihre*	les leurs *ihre*	les leurs *ihre*

* Im Französischen wird die Höflichkeitsform mit der 2. Person Plural ausgedrückt und immer klein geschrieben.

3.3.4 Gebrauch der Possessivpronomen

Das Possessivpronomen richtet sich in Geschlecht und Zahl nach dem Substantiv, das es vertritt:

La Fiat rouge ? Mais oui, c'est **la sienne**. — *Der rote Fiat? Ja doch, es ist seiner/ihrer.*

3.4 Das Indefinitpronomen

Im Französischen wird zwischen dem indefiniten Begleiter, der vor dem Substantiv steht, und dem Indefinitpronomen, das ein Substantiv vertritt, unterschieden. Manche Indefinitpronomen haben beide Funktionen.

3.4.1 Indefinite Begleiter sind z. B.:

quelque(s) *einige, ein paar*	Il y a **quelques** nuages.	*Es gibt ein paar Wolken.*
chaque *jeder*	**Chaque** table était décorée.	*Jeder Tisch war dekoriert.*
n'importe quel(le) *jeder beliebige*	à **n'importe quelle** heure	*zu jeder Zeit*
divers(es), différent(e)s *verschiedene*	**différents / divers** fromages	*verschiedene Käsesorten*

3.4.2 Indefinitpronomen sind z. B.:

on *man*	**On** y va ?	*Gehen wir?*
chacun(e) *jeder*	**chacun** le sien	*jeder seins*
quelqu'un *jemand*	**Quelqu'un** a téléphoné.	*Jemand hat angerufen.*
quelque chose *etwas*	Je boirais bien **quelque chose**.	*Ich würde gern etwas trinken.*
personne *niemand*	**Personne** ne m'aime.	*Niemand liebt mich.*
rien *nichts*	Il n'a **rien** dit.	*Er hat nichts gesagt.*

3.4.3 Gleichzeitig indefinite Begleiter (1) und Indefinitpronomen (2) sind z. B.:

plusieurs *mehrere*	Il a sonné **plusieurs** fois. (1)	*Er hat mehrmals geklingelt.*
	Ses amis ? **Plusieurs** sont déjà partis. (2)	*Seine Freunde? Mehrere sind schon weg.*
certain(e)s *manche, gewisse*	**Certaines** roses sentent bon. (1)	*Manche Rosen duften.*
	« **Certains** l'aiment chaud. » (2)	*„Manche mögen's heiß …"*
aucun(e) *keiner*	**Aucun** problème ! (1)	*Kein Problem!*
	Tu as de ses nouvelles ? – Non, **aucune**. (2)	*Hast du was von ihm gehört? – Nein, nichts.*
tout(e)(s), tous *ganz/alle(s)*	**toute** la nuit (1)	*die ganze Nacht*
	Tout va bien. (2)	*Es ist alles in Ordnung.*

3.5 Das Relativpronomen

Die Relativpronomen verbinden (ohne Komma) zwei Sätze. Sie sind im Französischen unveränderlich, haben aber je nach ihrer Funktion im Satz verschiedene Formen.

qui

qui als Subjekt bezieht sich auf Personen und Sachen:

Le médecin **qui** m'a examiné.	*Der Arzt, der mich untersucht hat.*
Je voudrais essayer le peignoir **qui** est dans la vitrine.	*Ich würde gerne den Bademantel anprobieren, der im Schaufenster ist.*

qui + Präposition ist Objekt und bezieht sich auf Personen:

C'est un ami **sur qui** on peut compter.	*Er ist ein Freund, auf den man sich verlassen kann.*

que

que wird vor Vokalen oder stummem *h-* zu *qu'*. *que* ist direktes Objekt und bezieht sich auf Personen und Sachen:

Il y a quelque chose **qu'**elle ne comprend pas.	*Es gibt etwas, das sie nicht versteht.*
Je n'ai pas encore lu le livre **que** tu m'as prêté.	*Ich habe das Buch noch nicht gelesen, das du mir geliehen hast.*

quoi

quoi steht nach einer Präposition als Objekt. Es bezieht sich ausschließlich auf Sachen:

Elle a pris un taxi, **sans quoi** elle serait arrivée en retard.	*Sie hat ein Taxi genommen, sonst wäre sie zu spät gekommen.*

dont

dont vertritt eine Ergänzung mit *de*. Es bezieht sich auf Personen und Sachen:

C'est un livre **dont** je connais l'auteur. (Je connais **l'auteur de ce livre**.)	*Dies ist ein Buch, dessen Autor ich kenne. (Ich kenne den Autor dieses Buches.)*

où

où bezieht sich im Französischen auf Orts- und Zeitangaben:

Le quartier **où** il habite est agréable.	*Das Viertel, wo er wohnt, ist angenehm.*
Il est arrivé **au moment où** nous dînions.	*Er ist angekommen, als wir gerade zu Abend aßen.*

où kann mit den Präpositionen *de* und *par* benutzt werden:

Je connais bien le pays **d'où** vous venez. — *Ich kenne das Land gut, aus dem Sie kommen.*
Il m'a dit **par où** passer. — *Er hat mir gesagt, wo man fahren muss.*

lequel
lequel bezieht sich auf Personen und Sachen und ist veränderlich in Geschlecht und Zahl. Es wird meist mit einer Präposition verwendet. Durch die Verschmelzung mit den Präpositionen *à* und *de* ergeben sich folgende Formen:

	Mask.	Fem.	Mask. Plural	Fem. Plural
Präposition +	lequel	laquelle	lesquels	lesquelles
à	auquel	à laquelle	auxquels	auxquelles
de	duquel	de laquelle	desquels	desquelles

Un évènement **auquel** personne ne s'attendait. — *Ein Ereignis, mit dem niemand gerechnet hatte.*
J'apprécie beaucoup les personnes **avec lesquelles** je travaille. — *Ich schätze die Personen sehr, mit denen ich arbeite.*

3.6 Das Interrogativpronomen

Die Interrogativpronomen haben die gleichen Formen wie die Relativpronomen *qui*, *que*, *quoi*, *lequel*.

qui
Mit dem Interrogativpronomen *qui* wird nach Personen gefragt:

Qui est là ? — *Wer ist da?*

que, quoi
Mit dem Interrogativpronomen *que* und *quoi* + Präposition wird nach Sachen gefragt:

Qu'est-ce que vous voulez ? — *Was wollen Sie?*
De quoi tu parles ? — *Worüber sprichst du?*

lequel

Das Interrogativpronomen *lequel* bezieht sich auf Personen und Sachen und ist veränderlich in Geschlecht und Zahl:

Et si nous achetions des fleurs ? — *Und wenn wir Blumen kaufen?*
Lesquelles préfères-tu ? — *Welche hast du am liebsten?*

4 Das Zahlwort

4.1 Die Grundzahlen

4.1.1 Formen

0	zéro	36	trente-six
1	un/une	37	trente-sept
2	deux	38	trente-huit
3	trois	39	trente-neuf
4	quatre	40	quarante
5	cinq	41	quarante et un/une
6	six	42	quarante-deux
7	sept	50	cinquante
8	huit	51	cinquante et un/une
9	neuf	52	cinquante-deux
10	dix	60	soixante
11	onze	70	soixante-dix
12	douze	71	soixante et onze
13	treize	72	soixante-douze
14	quatorze	80	quatre-vingts
15	quinze	81	quatre-vingt-un/une
16	seize	82	quatre-vingt-deux
17	dix-sept	90	quatre-vingt-dix
18	dix-huit	91	quatre-vingt-onze
19	dix-neuf	100	cent
20	vingt	101	cent un/une
21	vingt et un/une	102	cent deux
22	vingt-deux	500	cinq cents
23	vingt-trois	514	cinq cent quatorze
24	vingt-quatre	1 000	mille
25	vingt-cinq	1 001	mille un/une
26	vingt-six	2 000	deux mille
27	vingt-sept	3 800	trois mille huit cents
28	vingt-huit	5 000	cinq mille
29	vingt-neuf	10 000	dix mille
30	trente	100 000	cent mille
31	trente et un/une	200 000	deux cent mille
32	trente-deux	1 000 000	un million
33	trente-trois	6 000 000	six millions
34	trente-quatre	1 000 000 000	un milliard
35	trente-cinq	8 000 000 000	huit milliards

4.1.2 Gebrauch

Zehner und Einer werden durch einen **Bindestrich** verbunden, außer wenn **et** dazwischen steht:

vingt-quatre	24
vingt **et** un	21

Anders als im Deutschen sind die französischen Grundzahlen **männlich und unveränderlich außer**:

zéro und un

Pour ses trente et **un** ans, il lui a offert trente et **une** roses.	*Zu ihrem einunddreißigsten Geburtstag hat er ihr einunddreißig Rosen geschenkt.*

cent (100) und vingt (20) bekommen ein **-s**, wenn sie multipliziert werden und wenn keine weitere Zahl folgt.

trois cent**s** francs	3 x 100 (300)
Aber:	
trois cent cinquante francs	350
quatre-vingt**s** centimes	4 x 20 (80)
Aber:	
quatre-vingt-cinq centimes	85

million und milliard

La France compte environ 57 million**s** d'habitants.	*Frankreich hat ungefähr 57 Millionen Einwohner.*

Abweichend vom Deutschen werden im Französischen bei **Datumsangaben** die Grundzahlen verwendet. Nur für den ersten Tag des Monats steht die Ordnungszahl *premier*:

le **vingt** (20) janvier	*der / am 20. Januar*

Zur Angabe der **Uhrzeit** oder des **Alters** werden ebenfalls die Grundzahlen verwendet:

Quelle heure est-il ? – Il est **huit** heures.	*Wie spät ist es? – Es ist acht Uhr.*
Quel âge as-tu ? – J'ai **sept** ans.	*Wie alt bist du? – Ich bin sieben Jahre (alt).*

4.2 Die Ordnungszahlen

4.2.1 Formen

Ab 3e wird immer die Endung *-ième* zu der Grundzahl hinzugefügt:

$1^{er}/1^{re}$	le premier / la première	13^{e}	le / la treizième
2^{e}	le / la deuxième	14^{e}	le / la quatorzième
2nd	le / la second(e)	15^{e}	le / la quinzième
3^{e}	le / la troisième	16^{e}	le / la seizième
4^{e}	le / la quatrième	17^{e}	le / la dix-septième
5^{e}	le / la cinquième	18^{e}	le / la dix-huitième
6^{e}	le / la sixième	19^{e}	le / la dix-neuvième
7^{e}	le / la septième	20^{e}	le / la vingtième
8^{e}	le / la huitième	21^{e}	le / la vingt et unième
9^{e}	le / la neuvième	22^{e}	le / la vingt-deuxième
10^{e}	le / la dixième	30^{e}	le / la trentième
11^{e}	le / la onzième	40^{e}	le / la quarantième
12^{e}	le / la douxième	50^{e}	le / la cinquantième
60^{e}	le / la soixantième	$1\,000^{e}$	le / la millième
70^{e}	le / la soixante-dixième	$1\,001^{e}$	le / la mille unième
80^{e}	le / la quatre-vingtième	$10\,000^{e}$	le / la dix millième
81^{e}	le / la quatre-vingt et unième	$100\,000^{e}$	le / la cent millième
90^{e}	le / la quatre-vingt-dixième	$1\,000\,000^{e}$	le / la millionième
100^{e}	le / la centième	$1\,000\,000\,000^{e}$	le / la milliardième

4.2.2 Gebrauch

Die Ordnungszahlen stehen zur Angabe von Jahrhunderten und kommen wie im Deutschen in vielen Wendungen vor. Im Datum steht die Ordnungszahl *premier* für 1. Ab 2 werden die Grundzahlen verwendet:

au **dix-neuvième** / XIXe siècle	im neunzehnten/19. Jahrhundert
la **quatrième** fois	das vierte Mal
Adrien est né un **premier** (1er) juillet.	Adrien ist am ersten Juli geboren.

4.3 Die Bruchzahlen

$1/2$	un demi	$1/6$	un sixième	*$1/4$ Jahr*	trois mois / un trimestre
$1/3$	un tiers	$1\,1/2$	un et demi	*$1/2$ Jahr*	six mois
$1/4$	un quart	$2/8$	deux huitièmes	*$3/4$ Jahr*	neuf mois
$1/5$	un cinquième	$3/4$	trois quarts	*$1\,1/2$ Jahr*	un an et demi / dix-huit mois

5 Das Adjektiv

Adjektive beschreiben Personen, Sachen und Begriffe näher und richten sich im Französischen in Zahl und Geschlecht nach dem dazugehörigen Substantiv, auch in prädikativer Funktion (z. B. nach dem Verb *être*).

5.1 Das Geschlecht der Adjektive

5.1.1 Das Femininum auf -e

Allgemein gilt folgende Regel:

Femininum = Maskulinum + -e

Maskulinum		Femininum	
un joli garçon	*ein hübscher Junge*	une joli**e** fille	*ein hübsches Mädchen*
un livre intéressant	*ein interessantes Buch*	une histoire intéressant**e***	*eine interessante Geschichte*

* Achten Sie darauf, dass einige Adjektive ihre Aussprache durch die Endung auf *-e* verändern!

5.1.2 Weitere Formen des Femininums

Adjektive auf *-e* bleiben im Femininum **unverändert**:

Maskulinum		Femininum	
un **jeune** homme	*ein junger Mann*	une **jeune** femme	*eine junge Frau*

Einige Adjektive werden durch **besondere Endungen im Femininum** gekennzeichnet:

Maskulinum		Femininum		
-as	bas	**-asse**	basse	*niedrig*
-el	traditionnel	**-elle**	traditionnelle	*traditionell*
-et	net	**-ette**	nette	*netto, eindeutig*
	complet	**-ète**	complète	*vollständig*
-en	moyen	**-enne**	moyenne	*durchschnittlich*
-eur	joueur	**-euse**	joueuse	*spielerisch*
	extérieur	**-eure**	extérieure	*äußerlich*
-er	cher	**-ère**	chère	*teuer*
-eux	heureux	**-euse**	heureuse	*glücklich*

Maskulinum		Femininum		
-c	public	**-que**	publique	*öffentlich*
	blanc	**-che**	blanche	*weiß*
-f	actif	**-ve**	active	*aktiv*
-ou	fou	**-olle**	folle	*verrückt*
-on	bon	**-onne**	bonne	*gut*
-x	faux	**-sse**	fausse	*falsch*
	doux	**-ce**	douce	*sanft*

5.1.3 Unregelmäßige Adjektive

Folgende Adjektive haben **zwei unterschiedliche Formen im Maskulinum**:

Mask. Singular vor Konsonanten		Mask. Singular vor Vokal oder stummem h-	Femininum Singular
beau	*schön*	un **bel** endroit	**belle**
nouveau	*neu*	un **nouvel** élève	**nouvelle**
vieux	*alt*	un **vieil** homme	**vieille**
fou	*verrückt*	un **fol** amour	**folle**

5.2 Die Pluralbildung der Adjektive

5.2.1 Der regelmäßige Plural auf -s

Der regelmäßige Plural der Adjektive wird im Französischen wie bei den Substantiven mit einem nicht hörbaren *-s* gebildet, das an die Singularform angehängt wird.

Singular		Plural	
une maison immense	*ein riesiges Haus*	des maisons immense**s**	*riesige Häuser*

5.2.2 Der unregelmäßige Plural einiger Adjektive im Maskulinum

Singular			Plural	
-s	gros	*dick*	**-s**	gros
-x	doux	*sanft*	**-x**	doux
-eau	beau	*schön*	**-eaux**	beaux
-al	national	*national*	**-aux**	nationaux

5.3 Angleichung des Adjektivs

5.3.1 Das attributive Adjektiv

Das attributive Adjektiv steht direkt vor oder nach dem Substantiv und richtet sich in Geschlecht und Zahl nach diesem:

Il a acheté un **nouvel** ordinateur. — *Er hat einen neuen Computer gekauft.*

5.3.2 Das prädikative Adjektiv

Das prädikative Adjektiv steht z. B. nach dem Verb *être* (sein).

Im Gegensatz zum Deutschen wird es auch an das dazugehörige Substantiv angeglichen:

Valérie est **ravissante**. — *Valérie ist bildhübsch.*

Bezieht sich ein Adjektiv auf mehrere durch *et* verbundene Substantive mit unterschiedlichem Geschlecht, so steht es im **Maskulinum Plural**:

Les poivrons et les aubergines sont **chers** en hiver. — *Paprika und Auberginen sind im Winter teuer.*

5.3.3 Die Farbadjektive

Farbadjektive sind im Regelfall **veränderlich** und richten sich nach dem dazugehörigen Substantiv:

une jolie robe noir**e**. — *ein hübsches schwarzes Kleid*

Ausnahme

Als Farbadjektive gebrauchte Substantive **außer** *rose* (rosa) und *mauve* (lila) sowie zusammengesetzte Farbadjektive sind **unveränderlich**:

des fleurs **orange** — *orangefarbene Blumen*
des chaussettes **bleu marine** — *dunkelblaue Strümpfe*

5.4 Stellung des Adjektivs

Im Gegensatz zum Deutschen stehen im Französischen die meisten Adjektive **nach** dem Substantiv.

5.4.1 Nach dem Substantiv

- Farb- und Formadjektive

des rideaux **verts** — *grüne Vorhänge*
une boîte **carrée** — *eine quadratische Schachtel*

- Nationalitäts-, Politik-, Religions- oder Wirtschaftsmerkmale

  une spécialité **italienne** — *eine italienische Spezialität*
  la recherche **génétique** — *die Genforschung*

- Körperliche und geistige Eigenschaften

  Tu écris de la main **gauche** ? — *Bist du linkshändig?*
  une personne **intelligente** — *eine intelligente Person*

- Adjektive mit Ergänzungen

  un mur **haut** de dix mètres — *eine zehn Meter hohe Mauer*

5.4.2 Vor dem Substantiv

- Oft benutzte und meist kurze Adjektive

  une **petite** table — *ein kleiner Tisch*
  un **gros** pull — *ein dicker Pulli*

- Zahlwörter

  une **troisième** fois — *ein drittes Mal*

5.4.3 Adjektive mit wechselnder Bedeutung je nach Stellung

	Vorstellung		Nachstellung	
ancien	l'**ancienne** gare	*der frühere Bahnhof*	un meuble **ancien**	*ein altes (= wertvolles) Möbelstück*
pauvre	une **pauvre** femme	*eine arme Frau (= bemitleidenswerte) Frau*	une femme **pauvre**	*eine arme Frau (= mit wenig Geld)*
grand	un **grand** homme	*ein bedeutender Mann*	un homme **grand**	*ein großer Mann*
curieux	une **curieuse** personne	*eine seltsame Person*	une personne **curieuse**	*eine neugierige Person*

6 Die Vergleichsformen

Vergleiche werden in der Regel mit Hilfe von Komparativ- und Superlativformen zum Ausdruck gebracht.

6.1 Bildung des Komparativs

6.1.1 Der Komparativ der Überlegenheit

	plus + Adjektiv + que	Il est **plus** grand **que** son frère. *Er ist größer als sein Bruder.*
+	**plus + Adverb + que**	Elle court **plus** vite **que** son père. *Sie läuft schneller als ihr Vater.*
	plus de + Substantiv + que	Je mange **plus de** fruits **que** toi. *Ich esse mehr Obst als du.*

6.1.2 Der Komparativ der Unterlegenheit

	moins + Adjektiv + que	Il est **moins** grand **que** son frère. *Er ist kleiner als sein Bruder.*
–	**moins + Adverb + que**	Elle court **moins** vite **que** son père. *Sie läuft langsamer als ihr Vater.*
	moins de + Substantiv + que	Je mange **moins de** fruits **que** toi. *Ich esse weniger Obst als du.*

6.1.3 Der Komparativ der Gleichheit

	aussi + Adjektiv + que	Il est **aussi** grand **que** son frère. *Er ist genauso groß wie sein Bruder.*
=	**aussi + Adverb + que**	Elle court **aussi** vite **que** son père. *Sie läuft genauso schnell wie ihr Vater.*
	autant de + Substantiv + que	Je mange **autant de** fruits **que** toi. *Ich esse genauso viel Obst wie du.*

6.1.4 Unregelmäßige Formen

Der Komparativ der Überlegenheit der Adjektive *bon*, *petit*, *mauvais* und des Adverbs *bien* wird wie folgt gebildet:

	Komparativform + que
bon *gut*	**meilleur** *besser*
petit *klein*	**moindre*** *geringer* / **plus petit** *kleiner (im Sinne von Maß und Größe)*
mauvais *schlimm*	**pire** / **plus mauvais** *schlechter, schlimmer*
bien *gut*	**mieux** *besser*

* Wird vorwiegend in festen Wendungen der gehobenen Sprache verwendet.

6.2 Bildung des Superlativs

6.2.1 Der Superlativ der Überlegenheit

	le plus + Adjektiv	Il est **le plus** grand. *Er ist der größte.*
++	**le plus + Adverb**	Elle court **le plus** vite. *Sie läuft am schnellsten.*
	le plus de + Substantiv	Je mange **le plus de** fruits. *Ich esse am meisten Obst.*

6.2.2 Der Superlativ der Unterlegenheit

	le moins + Adjektiv	Il est **le moins** grand. *Er ist der kleinste.*
--	**le moins + Adverb**	Elle court **le moins** vite. *Sie läuft am langsamsten.*
	le moins de + Substantiv	Je mange **le moins de** fruits. *Ich esse am wenigsten Obst.*

6.2.3 Unregelmäßige Formen

Der Superlativ der Überlegenheit der Adjektive *bon*, *petit*, *mauvais* und des Adverbs *bien* wird wie folgt gebildet:

	Superlativform
bon *gut*	**le / la / les meilleur(e)(s)** *der/die/das beste*
petit *klein*	**le / la / les moindre(s)*** *der/die/das geringste*
	le / la / les plus petit(e)(s) *der/die/das kleinste (im Sinne von Maß und Größe)*
mauvais *schlimm*	**le / la / les pire(s)** *der/die/das schlimmste* **le / la / les plus mauvais(e)(s)** *der/die/das schlechteste*
bien *gut*	**le mieux** *am besten*

* Wird vorwiegend in festen Wendungen der gehobenen Sprache verwendet.

7 Das Adverb

Das Adverb ergänzt oder bestimmt ein Verb, ein Adjektiv, ein anderes Adverb oder einen Satz näher. Es ist wie im Deutschen unveränderlich.

7.1 Formen

Im Französischen haben Adjektive und Adverbien unterschiedliche Formen. Neben den einfachen (ursprünglichen) Adverbien wie *bien* (gut) gibt es auch solche, die von Adjektiven abgeleitet sind.

7.1.1 Bildung der abgeleiteten Adverbien

Sie werden **in der Regel** von der **weiblichen Form des Adjektivs** gebildet, an die die Endung **-ment** angehängt wird:

Adjektiv (w)	Adverb	
forte	fortement	*stark*
complète	complètement	*vollständig*

Besonderheiten

Einige Adverbien verwandeln das -**e** in -**é**:

Adjektiv (w)	Adverb	
énorme	énorm**é**ment	*enorm*
profonde	profond**é**ment	*tief*

Bei den Adjektiven, die auf **Vokal** enden, werden die Adverbien von der **männlichen Form des Adjektivs** gebildet, an das die Endung **-ment** angehängt wird:

Adjektiv (m)	Adverb	
poli	poliment	*höflich*
aisé	aisément	*leicht*
absolu	absolument	*absolut*

Auf **-ant** und -**ent** endende Adjektive bilden Adverbien auf **-amment** bzw. **-emment**.

Adjektiv	Adverb	
violent	violemment	*gewalttätig*
méchant	méchamment	*böse*

Weitere Adverbien haben **unregelmäßige Formen** wie z. B.:

Adjektiv	Adverb	
gai	gaiement / gaîment	*fröhlich*
gentil	gentiment	*nett*
bref	brièvement	*kurz*

7.1.2 Formen einiger ursprünglicher Adverbien

- **Die Adverbien bien, mal und vite**

Adjektiv	Adverb	
bon	bien	*gut, sehr*
mauvais	mal	*schlecht*
rapide	vite, rapidement	*schnell*

- **Das Adverb tout**

Steht *tout* vor weiblichen Adjektiven, die mit Konsonanten oder *h- aspiré* beginnen, ist es **veränderlich**:

Elle aime se promener **toute** seule. *Sie geht gern ganz allein spazieren.*

7.2 Adjektive in adverbialer Funktion

In einigen festen Wendungen werden im Französischen Adjektive anstelle von Adverbien verwendet.

sentir bon	*gut riechen*	tenir bon	*durchhalten*
coûter cher	*viel kosten*	peser lourd	*viel wiegen*

7.3 Stellung der Adverbien

Adverbien stehen **vor** Adjektiven oder anderen Adverbien:

Ève a les cheveux **très** blonds. *Ève hat sehr blonde Haare.*
Il parle **trop** vite. *Er spricht zu schnell.*

In den **einfachen Zeitformen** stehen die Adverbien meist **nach** dem Verb:

Il va **rarement** au cinéma. *Er geht selten ins Kino.*

In den **zusammengesetzten Zeitformen** stehen die Adverbien in der Regel **zwischen Hilfsverb und Partizip Perfekt**, insbesondere Adverbien der Menge wie z. B. *beaucoup* (viel) und die Adverbien *bien* (gut), *mal* (schlecht), *souvent* (oft), *toujours* (immer), *déjà* (schon):

Vous avez **mal** compris ma question.	*Sie haben meine Frage falsch verstanden.*

Adverbien des Ortes stehen immer **nach** dem Partizip Perfekt:

Le chien a dormi **dehors**.	*Der Hund hat draußen geschlafen.*

Adverbien, die den Satz näher bestimmen, stehen meist **am Satzende oder am Satzanfang**:

(Demain), j'irai faire des courses **(demain)**.	*Morgen werde ich einkaufen gehen.*

8 Das Verb

Wie im Deutschen verändert sich das französische Verb in Person (im Partizip Perfekt teilweise auch in Geschlecht) und Zahl (Singular, Plural), sowie in Modus, Zeit und Verhaltensrichtung (Aktiv, Passiv).

8.1 Die einfachen Verbformen

Die französischen Verben werden nach ihrer Infinitivendung in drei Gruppen eingeteilt.

8.1.1 Die Verben der 1. Gruppe

Die 1. Gruppe umfasst die Verben auf **-er**, außer *aller* (gehen), das zur 3. Gruppe gehört.
Diese **regelmäßigen Verben** bilden die 1. Person Singular *indicatif* Präsens auf **-e** und das Partizip Perfekt auf **-é**:

parl**er**, je parl**e**, j'ai parl**é**	*sprechen*

Anmerkungen

Die Verben auf **-cer** verwandeln vor *a*, *o* und *u* das **c** in **ç**:

avan**cer**, nous avan**çons**	*vorankommen*

Die Verben auf **-ger** bekommen **vor a und o** ein -**e**:

man**ger**, nous man**geons**	*essen*

Manche Verben auf **-eler** und **-eter** verdoppeln vor stummem *e* das *l* bzw. das *t*. Andere Verben auf *-eler* und *-eter* verwandeln dagegen dieses *e* in *è* vor einer Silbe mit stummem *e:*

app**eler**, j'app**elle**	*rufen*
jeter, je **jette**	*werfen*
g**eler**, **il gèle**	*frieren*
acheter, j'ach**è**te	*kaufen*

Verben mit einem **e** bzw. einem **é** in der vorletzten Silbe (außer Verben auf *-éer*) verwandeln vor einer Silbe mit stummem *e* das *e* bzw. *é* zu **è:**

préf**é**rer, je préf**è**re	*vorziehen*
ach**e**ver, j'ach**è**ve	*beenden*

Verben auf **-oyer** und **-uyer** verwandeln vor stummem *e* das *y* in ein *i* (bei den Verben auf **-ayer** ist die Schreibweise mit *y* oder *i* möglich):

nett**oyer**, il nett**oie**	*reinigen*
ess**uyer**, il ess**uie**	*abtrocknen*

8.1.2 Die Verben der 2. Gruppe

Die 2. Gruppe umfasst die regelmäßigen Verben auf **-ir** mit Stammerweiterung im Plural, die in der 1. Person Singular *indicatif* Präsens auf **-is** und im Partizip Präsens auf **-issant** enden:

fin**ir**, je fin**is**, fin**issant**	*beenden*

8.1.3 Die Verben der 3. Gruppe

Die 3. Gruppe umfasst alle übrigen Verben, die meist **unregelmäßig** sind (vgl. Verbtabelle Seite 76): das Verb *aller* (gehen), die übrigen Verben auf *-ir*, die Verben auf *-oir* und die Verben auf *-re*.

Anmerkungen

Verben auf **-indre** und **-soudre** behalten das *-d* nur vor dem *-r:*

pe**indre**, il pein**t**, il pein**d**ra	*malen*

Verben auf **-aître** und **-oître** behalten ihren *accent circonflexe* nur vor einem *t:*

par**aître**, tu parais, il paraît	*scheinen*

8.2 Die Verben avoir und être

Wie im Deutschen werden im Französischen *être* (sein) und *avoir* (haben) auch als Hilfsverb zur Bildung der zusammengesetzten Zeiten verwendet.

8.2.1 Mit avoir gebildete Verben in den zusammengesetzten Zeiten

- Alle transitiven Verben

Il **a** pris une soupe à l'oignon.	*Er hat eine Zwiebelsuppe genommen.*

- Die meisten intransitiven Verben sowie im Gegensatz zum Deutschen die Verben *courir* (rennen), *marcher* (zu Fuß gehen) *nager* (schwimmen) und *rouler* (fahren):

Anne **a** mal dormi.	*Anne hat schlecht geschlafen.*
Il **a** couru comme un fou.	*Er ist wie blöd gelaufen.*

- Die unpersönlichen Verben

Il **a** neigé.	*Es hat geschneit.*

- *être* und *avoir*

J'**ai** été malade.	*Ich war krank.*
J'**ai** eu de la fièvre.	*Ich hatte Fieber.*

8.2.2 Mit être gebildete Verben in den zusammengesetzten Zeiten

- Alle reflexiven Verben

Il s'**est** lavé.	*Er hat sich gewaschen.*

- Einige intransitive Verben, die eine Bewegung oder einen veränderten Zustand kennzeichnen

Nous **sommes** allés au cinéma.	*Wir sind ins Kino gegangen.*
Elle **est** née en avril.	*Sie ist im April geboren.*

- Transitive Verben zur Bildung des Passivs

Cette entreprise **est** dirigée par des Japonais.	*Dieses Unternehmen wird von Japanern geleitet.*

Anmerkung

Manche Verben werden transitiv mit *avoir* und intransitiv mit *être* verwendet:

Ils **ont passé** trois semaines à Nice.	*Sie haben drei Wochen in Nizza verbracht.*
Elle **est passée** au bureau.	*Sie ist im Büro vorbeigekommen.*

8.3 Die reflexiven Verben

Die reflexiven Verben werden mit Hilfe der Reflexivpronomen gebildet. Manche Verben werden im Französischen nur reflexiv verwendet wie z. B. *s'enfuir* (fliehen), *s'évanouir* (ohnmächtig werden).

8.3.1 In den einfachen Zeiten

se laver	*sich waschen*
je me lave tu te laves il/elle se lave nous nous lavons vous vous lavez ils/elles se lavent	

In den einfachen Zeiten steht das verbundene Reflexivpronomen im Französischen **zwischen** dem Subjekt und dem konjugierten Verb:

8.3.2 In den zusammengesetzten Zeiten

se reposer	*sich ausruhen*
je me suis reposé(e) tu t'es reposé(e) il/ elle s'est reposé(e) nous nous sommes reposé(e)s vous vous êtes reposé(e)s ils/elles se sont reposé(e)s	

In den zusammengesetzen Zeiten steht das verbundene Reflexivpronomen im Französischen **zwischen** dem Subjekt und dem Hilfsverb *être* (sein).

8.4 Die unpersönlichen Verben

Die unpersönlichen Verben werden nur in der 3. Person Singular mit dem neutralen Pronomen *il* als Subjekt verwendet.

8.4.1 Verben der Wetterangabe

Il a neigé toute la journée.	*Es hat den ganzen Tag geschneit.*
Il pleut des cordes.	*Es regnet in Strömen.*

Mit dem Verb **faire** werden auch unpersönliche Wendungen zur Bezeichnung der Witterung gebildet:

Il fait froid.	*Es ist kalt.*
Il fait 18 °C.	*Es sind 18 °C.*

8.4.2 Weitere unpersönliche Verben und Wendungen

- **il y a**

Il y a quelqu'un ?	*Ist da jemand?*

- **il faut + Infinitiv/il faut que + subjonctif**

Il faut réserver la veille.	*Man muss einen Tag vorher reservieren.*
Il faut que vous **réserviez** la veille.	*Sie müssen einen Tag vorher reservieren.*

- **il est + Zeitangabe**

Il est quelle heure ?	*Wie viel Uhr ist es?*

Abweichungen vom Deutschen
Vielen deutschen unpersönlichen Wendungen entsprechen im Französischen persönliche Wendungen:

deutsche unpersönliche Wendungen	entspr. französische persönliche Wendungen
Mir ist kalt/warm.	J'ai froid / chaud.
Es geht ihr gut/schlecht.	Elle va bien / mal.
Es freut mich.	Je suis content.
Es fehlt uns an Platz.	Nous manquons de place.
Es klingelt an der Tür.	On sonne à la porte.

9 Das Passiv

Das Passiv ist im Französischen weniger geläufig als im Deutschen und wird oft umschrieben. Es wird mit dem **Hilfsverb être** (sein) in der entsprechenden Zeit und dem **Partizip Perfekt** gebildet:

Subjekt	Hilfsverb être	+ Partizip Perfekt	(+ Urheber)
Nous *Wir*	sommes *werden*	invités *von unseren Nachbarn*	(par nos voisins). *eingeladen.*

Die Bezeichnung des **Urhebers** der Handlung erfolgt meist durch die Präposition **par**, seltener durch **de** (Verben, die einen Zustand ausdrücken):

Elle a été piquée **par** une guêpe.	*Sie wurde von einer Wespe gestochen.*
un jardin entouré **d'**arbres	*ein von Bäumen umgebener Garten*

10 Die Modi und die Zeiten

10.1 Der indicatif

Mit dem Modus *indicatif* werden Tatsachen in der Gegenwart (Präsens), in der Vergangenheit (*passé composé*, *imparfait*, Plusquamperfekt, *passé simple*) oder in der Zukunft (Futur, *conditionnel*) geschildert.

10.1.1 Das Präsens

Eine in der **Gegenwart** sich vollziehende Handlung wird durch die Formen des Präsens wiedergegeben.

- **Bildung des Präsens**

Das französische Präsens wird durch Anhängen bestimmter Endungen an den Verbstamm der jeweiligen Verbgruppe gebildet.

Die Verben der 1. Gruppe bilden das Präsens wie folgt:

Endungen	**parl–er** *sprechen*
-e	je parle
-es	tu parles
-e	il / elle parle
-ons	nous parlons
-ez	vous parlez
-ent	ils / elles parlent

Die Verben der 2. Gruppe bilden das Präsens wie folgt:

Endungen	**fin–ir** *beenden*
-s	je finis
-s	tu finis
-t	il / elle finit
-ons	nous finissons
-ez	vous finissez
-ent	ils / elles finissent

Die Verben der 3. Gruppe bilden das Präsens wie folgt:

Endungen	**ven–ir / vend–re** *kommen / verkaufen*
-s	je viens / vends
-s	tu viens / vends
-t/d*	il / elle vient / vend
-ons	nous venons / vendons
-ez	vous venez / vendez
-ent	ils / elles viennent / vendent

Endungen	**ouvr–ir** *öffnen*
-e	j'ouvre
-es	tu ouvres
-e	il / elle ouvre
-ons	nous ouvrons
-ez	vous ouvrez
-ent	ils /elles ouvrent

* Endung auf *-d* für die Verben auf *-endre*, *-andre*, *-ondre*, *-erdre* und *-ordre*

Endungen	**pouv-oir** *können, dürfen*
-x	je peux
-x	tu peux
-t	il / elle peut
-ons	nous pouvons
-ez	vous pouvez
-ent	ils / elles peuvent

Achten Sie bitte auf die Stammveränderungen der meisten Verben der 3. Gruppe.

Das Präsens von avoir und être

avoir *haben*	**être** *sein*
j'ai	je suis
tu as	tu es
il / elle a	il / elle est
nous avons	nous sommes
vous avez	vous êtes
ils / elles ont	ils / elles sont

• Gebrauch des Präsens

Wie im Deutschen beschreibt das Präsens ein Geschehen, das gleichzeitig zum Sprechzeitpunkt abläuft:

Delphine **prépare** un couscous pour ce soir.	*Delphine macht ein Couscous für heute Abend.*

Mit **être en train de** + Infinitiv wird hervorgehoben, dass die Handlung gerade passiert.

Delphine **est en train de préparer** un couscous pour ce soir.	*Delphine macht gerade einen Couscous für heute Abend.*

Es drückt auch eine **Gewohnheit** oder eine **allgemeine Wahrheit**

Nous **mangeons** du poisson deux fois par semaine. Et vous ?	*Wir essen zweimal pro Woche Fisch. Und Sie?*
L'argent ne **fait** pas le bonheur.	*Geld macht nicht glücklich.*

sowie die **nahe Zukunft**

Son voisin **déménage** demain.	*Sein Nachbar zieht morgen um.*

und eine **noch offene Bedingung** aus:

Das Präsens steht dann im Nebensatz nach der Konjunktion *si* (wenn) und im Hauptsatz steht das Futur I.

Si j'**ai** le temps, je t'**enverrai** une carte postale.	*Wenn ich Zeit habe, schicke ich dir eine Postkarte.*

10.1.2 Das passé composé

Mit Hilfe des *passé composé* werden vollendete, abgeschlossene Handlungen und Zustände der Vergangenheit ausgedrückt.

- **Bildung des passé composé**

Das französische *passé composé* wird wie das deutsche Perfekt gebildet: Präsens der Hilfsverben *avoir* (haben) oder *être* (sein) + Partizip Perfekt (PP)

chanter *singen* Hilfsverb *avoir* + PP (= **chanté**)	**venir** *kommen* Hilfsverb *être* + PP (= **venu**)
j'ai chanté tu as chanté il / elle a chanté nous avons chanté vous avez chanté ils / elles ont chanté	je suis venu(e) tu es venu(e) il / elle est venu(e) nous sommes venu(e)s vous êtes venu(e)s ils / elles sont venu(e)s

Das passé composé von avoir und être

Das *passé composé* von *avoir* (haben) und *être* (sein) wird mit dem Hilfsverb *avoir* gebildet.

avoir *haben* Hilfsverb *avoir* + PP (= **eu**)	**être** *sein* Hilfsverb *avoir* + PP (= **été**)
j'ai eu tu as eu il / elle a eu nous avons eu vous avez eu ils / elles ont eu	j'ai été tu as été il / elle a été nous avons été vous avez été ils / elles ont été

- **Gebrauch des passé composé**

Das französische *passé composé* wird meist mit einer Zeitbestimmung verwendet und beschreibt eine zwar zurückliegende, abgeschlossene Handlung, die aber noch bis in die Gegenwart wirkt:

Il **a plu** toute la nuit et la terrasse est trempée.	*Es hat die ganze Nacht geregnet und die Terrasse ist total nass.*

Es drückt auch aufeinander folgende abgeschlossene Handlungen aus

David **est rentré** à 18 heures. Il **est allé** faire un jogging, puis il **a pris** une douche et il **a préparé** son dîner.	*David ist um 18 Uhr nach Hause gekommen. Er ist gejoggt, dann hat er sich geduscht und hat sein Abendessen vorbereitet.*

sowie ein weit zurückliegendes Ereignis (oft anstelle des *passé simple*):

Napoléon **est mort** en exil à Sainte-Hélène en 1821.	*Napoléon starb 1821 im Exil auf Sankt Helena.*

- **Die unmittelbare Vergangenheit**

Zum Ausdruck der unmittelbaren Vergangenheit verwendet man im Französischen das **passé récent**. Es wird wie folgt gebildet:

Präsens von venir de + Infinitiv

Son père **vient (juste) de sortir** de l'hôpital.	*Sein Vater ist gerade (eben) aus dem Krankenhaus entlassen worden.*

10.1.3 Das imparfait

Das französische *imparfait* ist die Zeit der Hintergrundinformation und der Schilderung zeitlich nicht bestimmter Handlungen und Zustände in der Vergangenheit.

- **Bildung des imparfait**

Das *imparfait* wird mit dem Verbstamm der 1. Person Plural *indicatif* Präsens + Endung des *imparfait* gebildet.

Das imparfait von avoir und être

Endungen	**prendre** *nehmen* nous **pren-ons**	**avoir** haben	**être** *sein*
-ais	je prenais	j'avais	j'étais
-ais	tu prenais	tu avais	tu étais
-ait	il / elle prenait	il / elle avait	il / elle était
-ions	nous prenions	nous avions	nous étions
-iez	vous preniez	vous aviez	vous étiez
-aient	ils / elles prenaient	ils / elles avaient	ils / elles étaient

- **Gebrauch des imparfait**

Das *imparfait* steht zur Schilderung zeitlich unbegrenzter Zustände und Handlungen in der Vergangenheit:

Il **faisait** un temps superbe et seul le bruit de la mer nous **tenait** éveillés. — *Das Wetter war herrlich und nur das Meeresgeräusch hielt uns wach.*

Abgeschlossene Handlungen, die in diesem Hintergrund eingebettet sind, werden mit dem **passé composé** ausgedrückt:

Lorsque Vincent **est venu** nous rejoindre, nous sommes allés nous promener sur la plage. — *Als sich Vincent uns angeschlossen hatte, sind wir am Strand spazieren gegangen.*

Es drückt auch eine Gewohnheit in der Vergangenheit aus

Quand ils **habitaient** à Paris, ils **partaient** tous les week-ends. — *Als sie in Paris wohnten, fuhren sie jedes Wochenende weg.*

oder eine bisher nicht erfüllte Bedingung: Das *imparfait* steht dann im Nebensatz nach der Konjunktion *si* (wenn) und im Hauptsatz steht das *conditionnel présent.*

Si tu **partais** plus tôt, il y **aurait** moins d'encombrements. — *Wenn du früher fahren würdest, hättest du weniger Staus.*

10.1.4 Das Plusquamperfekt

Das französische Plusquamperfekt gibt, wie im Deutschen, die Vorvergangenheit wieder.

• Bildung des Plusquamperfekts

Das Plusquamperfekt wird mit dem *imparfait* der Hilfsverben *avoir* (haben) oder *être* (sein) + Partizip Perfekt (PP) gebildet.

travailler *arbeiten* Hilfsverb *avoir* + PP (= **travaillé**)	**aller** *gehen* Hilfsverb *être* + PP (= **allé**)
j'avais travaillé tu avais travaillé il / elle avait travaillé nous avions travaillé vous aviez travaillé ils / elles avaient travaillé	j'étais allé(e) tu étais allé(e) il / elle était allé(e) nous étions allé(e)s vous étiez allé(e)s ils / elles étaient allé(e)s

Das Plusquamperfekt von avoir und être

Das Plusquamperfekt von *avoir* (haben) und *être* (sein) wird mit dem Hilfsverb *avoir* gebildet.

avoir *haben* Hilfsverb *avoir* + PP (= **eu**)	**être** *sein* Hilfsverb *avoir* + PP (= **été**)
j'avais eu tu avais eu il / elle avait eu nous avions eu vous aviez eu ils / elles avaient eu	j'avais été tu avais été il / elle avait été nous avions été vous aviez été ils / elles avaient été

• Gebrauch des Plusquamperfekts

Wie im Deutschen drückt das französische Plusquamperfekt aus, dass eine Handlung der Vergangenheit vor einer anderen stattgefunden hat:

Alice a raconté / raconta qu'elle **avait vécu** au Canada.	*Alice hat erzählt/erzählte, dass sie in Kanada gelebt hatte.*

Es steht auch zum Ausdruck einer nicht mehr erfüllbaren Bedingung: Das Plusquamperfekt steht dann im Nebensatz nach der Konjunktion *si* (wenn) und im Hauptsatz steht das *conditionnel passé*.

Si cette mesure **avait été** prise à temps, on **aurait pu** éviter une nouvelle hausse du chômage.

Wäre diese Maßnahme rechtzeitig getroffen worden, hätte man ein erneutes Ansteigen der Arbeitslosigkeit vermeiden können.

10.1.5 Das passé simple

Das *passé simple* erfüllt zwar die gleichen Funktionen wie das *passé composé*, hat aber keinen Bezug zur Gegenwart. Daher tritt das *passé composé* oft an die Stelle des *passé simple*, insbesondere in der gesprochenen Sprache.

- **Bildung des passé simple**

Die Verben der 1. und 2. Gruppe

Endungen	**jou-er** *spielen*
-ai	je jouai
-as	tu jouas
-a	il / elle joua
-âmes	nous jouâmes
-âtes	vous jouâtes
-èrent	ils /elles jouèrent

Endungen	**fin-ir** *beenden*
-is	je finis
-is	tu finis
-it	il / elle finit
-îmes	nous finîmes
-îtes	vous finîtes
-irent	ils / elles finirent

Die Verben der 3. Gruppe

Endungen	**part-ir** *weggehen*
-is	je partis
-is	tu partis
-it	il / elle partit
-îmes	nous partîmes
-îtes	vous partîtes
-irent	ils / elles partirent

Endungen	**voul-oir** *wollen, mögen*
-us	je voulus
-us	tu voulus
-ut	il / elle voulut
-ûmes	nous voulûmes
-ûtes	vous voulûtes
-urent	ils / elles voulurent

Endungen*	**ven-ir** *kommen*
-ins	je vins
-ins	tu vins
-int	il / elle vint
-înmes	nous vînmes
-întes	vous vîntes
-inrent	ils / elles vinrent

* Diese Endungen gelten nur für die Verben *venir* (kommen) und *tenir* (halten) und die davon abgeleiteten Verben.

Das passé simple von avoir und être

avoir *haben*	**être** *sein*
j'eus tu eus il / elle eut nous eûmes vous eûtes ils / elles eurent	je fus tu fus il / elle fut nous fûmes vous fûtes ils / elles furent

- **Gebrauch des passé simple**

Das *passé simple* bezeichnet in der geschriebenen Sprache abgeschlossene Ereignisse, die keinen Bezug zur Gegenwart haben.

Guy de Maupassant **mourut** en 1893. — *Guy de Maupassant starb 1893.*

Passé simple und *imparfait* oder *passé composé* und *imparfait* werden oft zusammen verwendet. Das passé simple und das passé composé schildern die Handlung (ihren Fortgang), während das *imparfait* den Hintergrund beschreibt.

L'homme **rentra** soudain dans une maison qui **était** complètement abandonnée. — *Der Mann betrat plötzlich ein völlig verlassenes Haus.*

10.1.6 Das Futur

Das Futur drückt ein zukünftiges Geschehen aus.

- **Bildung des Futurs I**

Die Verben der 1. und 2. Gruppe bilden es wie folgt : Infinitiv + Endung des Futurs I

Endungen	**chant-er** *singen*	**fin-ir** *beenden*
-ai	je chanterai	je finirai
-as	tu chanteras	tu finiras
-a	il / elle chantera	il / elle finira
-ons	nous chanterons	nous finirons
-ez	vous chanterez	vous finirez
-ont	ils / elles chanteront	ils / elles finiront

Bei den **Verben der 3. Gruppe** achten Sie bitte auf die Stammveränderungen der unregelmäßigen Formen:

Endungen	**prendre** *nehmen*	**venir** *kommen*	**pouvoir** *können, dürfen*
-ai	je prendrai	je viendrai	je pourrai
-as	tu prendras	tu viendras	tu pourras
-a	il / elle prendra	il / elle viendra	il / elle pourra
-ons	nous prendrons	nous viendrons	nous pourrons
-ez	vous prendrez	vous viendrez	vous pourrez
-ont	ils / elles prendront	ils / elles viendront	ils / elles pourront

Das Futur I von avoir und être

avoir *haben*	**être** *sein*
j'aurai	je serai
tu auras	tu seras
il / elle aura	il / elle sera
nous aurons	nous serons
vous aurez	vous serez
ils / elles auront	ils / elles seront

• Gebrauch des Futurs I

Das Futur I bezeichnet im Französischen ein von der Gegenwart aus gesehenes zukünftiges Geschehen, für das im Deutschen oft das Präsens benutzt wird:

Je vous **appellerai** vers dix-huit heures. — *Ich rufe Sie gegen achtzehn Uhr an.*

Das Futur I steht auch im Bedingungssatz, um eine realisierbare Bedingung auszudrücken:

Si Valentin est là, nous **irons** ensemble au cinéma. — *Wenn Valentin da ist, gehen wir zusammen ins Kino.*

• Bildung des Futurs II

Das Futur II wird mit dem Futur I der Hilfsverben *avoir* (haben) oder *être* (sein) + Partizip Perfekt (PP) gebildet.

travailler *arbeiten* **Hilfsverb avoir + PP (= travaillé)**	**aller** *gehen* **Hilfsverb être + PP (= allé)**
j'aurai travaillé tu auras travaillé il / elle aura travaillé nous aurons travaillé vous aurez travaillé ils / elles auront travaillé	je serai allé(e) tu seras allé(e) il / elle sera allé(e) nous serons allé(e)s vous serez allé(e)s ils / elles seront allé(e)s

Das Futur II von avoir und être
Das Futur II von *avoir* (haben) und *être* (sein) wird mit dem Hilfsverb *avoir* gebildet.

avoir *haben* **Hilfsverb avoir + PP (= eu)**	**être** *sein* **Hilfsverb avoir + PP (= été)**
j'aurai eu tu auras eu il / elle aura eu nous aurons eu vous aurez eu ils / elles auront eu	j'aurai été tu auras été il / elle aura été nous aurons été vous aurez été ils / elles auront été

• Gebrauch des Futurs II

Das Futur II bezeichnet eine Handlung, die zu einem späteren Zeitpunkt in der Zukunft abgeschlossen sein wird. Im Deutschen wird dies meistens durch das Perfekt ausgedrückt.

Quand Diane **aura terminé** ses études, nous ferons un grand voyage. — *Wenn Diane ihr Studium abgeschlossen hat, werden wir eine Fernreise unternehmen.*

• Das futur proche

Das *futur proche* wird besonders in der gesprochenen Sprache zur Bezeichnung eines unmittelbar bevorstehenden Ereignisses verwendet (nahe Zukunft). Es wird wie folgt gebildet:

Präsens von aller + Infinitiv

L'avion **va décoller** dans cinq minutes. — *Das Flugzeug wird in fünf Minuten starten.*

10.1.7 Das conditionnel

- **Bildung des conditionnel présent**

Endungen	**pens-er** *denken*
-ais	je penserais
-ais	tu penserais
-ait	il / elle penserait
-ions	nous penserions
-iez	vous penseriez
-aient	ils / elles penseraient

Das conditionnel présent von avoir und être

avoir *haben*	**être** *sein*
j'aurais	je serais
tu aurais	tu serais
il / elle aurait	il / elle serait
nous aurions	nous serions
vous auriez	vous seriez
ils / elles auraient	ils / elles seraient

- **Bildung des conditionnel passé**

Das *conditionnel passé* wird mit dem *conditionnel présent* der Hilfsverben *avoir* (haben) oder *être* (sein) + Partizip Perfekt (PP) gebildet.

travailler *arbeiten* **Hilfsverb avoir + PP (= travaillé)**	**aller** *gehen* **Hilfsverb être + PP (= allé)**
j'aurais travaillé	je serais allé(e)
tu aurais travaillé	tu serais allé(e)
il / elle aurait travaillé	il / elle serait allé(e)
nous aurions travaillé	nous serions allé(e)s
vous auriez travaillé	vous seriez allé(e)s
ils / elles auraient travaillé	ils / elles seraient allé(e)s

Das conditionnel passé von avoir und être

avoir *haben* **Hilfsverb avoir + PP (= eu)**	**être** *sein* **Hilfsverb avoir + PP (= été)**
j'aurais eu tu aurais eu il / elle aurait eu nous aurions eu vous auriez eu ils / elles auraient eu	j'aurais été tu aurais été il / elle aurait été nous aurions été vous auriez été ils / elles auraient été

- **Gebrauch des conditionnel**

Das französische *conditionnel* findet sowohl als Zeitform (Ausdruck der Zukunft in der Vergangenheit) wie auch als Modus häufig Anwendung.

Das *conditionnel présent* und das *conditionnel passé* stehen anstelle des Futurs I und des Futurs II für Handlungen, die vom Standpunkt der Vergangenheit aus in der Zukunft stattfinden werden:

Sa mère lui a promis qu'ils **iraient** au zoo dès qu'elle **aurait terminé** son travail. — *Seine Mutter hat ihm versprochen, dass sie in den Zoo gehen, sobald sie ihre Arbeit beendet hat.*

Das *conditionnel* wird als **Modus** im **Bedingungssatz,**

Si elle gagnait / avait gagné au loto, Marine **achèterait** / **aurait acheté** un chalet à la montagne. — *Wenn sie im Lotto gewinnen würde/gewonnen hätte, würde/hätte Marine eine Berghütte kaufen/gekauft.*

sowie zum Ausdruck der **Wahrscheinlichkeit**,

Je pense qu'elle le **ferait**. — *Ich denke, dass sie es tun würde.*

zum Ausdruck eines **Wunsches**,

J'**aimerais** bien revoir ce film. — *Ich würde diesen Film gerne wieder sehen.*

einer **nicht bestätigten Information**

Le célèbre acteur **aurait assassiné** sa femme. — *Der berühmte Schauspieler hätte seine Frau ermordet.*

und der **Höflichkeit** verwendet:

Je **voudrais** 1 kilo de cerises, s'il vous plaît. — *Ich möchte bitte ein Kilo Kirschen.*

10.2 Der subjonctif

Im Gegensatz zum Modus *indicatif* schildert der *subjontif* keine Tatsachen, sondern subjektive Auffassungen.

10.2.1 Bildung des subjonctif

Der subjonctif présent

Er wird so gebildet: Verbstamm der 3. Person Plural *indicatif* Präsens + Endung des *subjonctif présent:*

Endungen	**chanter** *singen* **ils/elles chant-ent**	**finir** *beenden* **ils/elles finiss-ent**	**conduire** *fahren* **ils/elles conduis-ent**
-e	que je chante	que je finisse	que je conduise
-es	que tu chantes	que tu finisses	que tu conduises
-e	qu'il / elle chante	qu'il / elle finisse	qu'il / elle conduise
-ions	que nous chantions	que nous finissions	que nous conduisions
-iez	que vous chantiez	que vous finissiez	que vous conduisiez
-ent	qu'ils / elles chantent	qu'ils / elles finissent	qu'ils / elles conduisent

Bei einigen Verben wird der *subjonctif présent* unregelmäßig gebildet (vgl. Verbtabelle).

avoir *haben*	**être** *sein*
que j'aie	que je sois
que tu aies	que tu sois
qu'il / elle ait	qu'il / elle soit
que nous ayons	que nous soyons
que vous ayez	que vous soyez
qu'ils / elles aient	qu'ils / elles soient

Der subjonctif passé

Er wird so gebildet: Hilfsverb *être* oder *avoir* im *subjonctif présent* + Partizip Perfekt:

acheter *kaufen*	**partir** *weggehen*
que j'aie acheté que tu aies acheté qu'il / elle ait acheté que nous ayons acheté que vous ayez acheté qu'ils / elles aient acheté	que je sois parti(e) que tu sois parti(e) qu'il / elle soit parti(e) que nous soyons parti(e)s que vous soyez parti(e)s qu'ils / elles soient parti(e)s

10.2.2 Gebrauch des subjonctif

Der *subjonctif* steht meist in Nebensätzen, die mit *que* eingeleitet werden, und wird durch bestimmte Verben, Adjektive oder Wendungen ausgelöst.

- Der *subjonctif* im **que-Satz**

Ausdruck der **Willensäußerung** und der **Wunschvorstellung**:

Il **veut que j'aille** le voir.	*Er will, dass ich ihn besuche.*
J'**aimerais bien qu'il fasse** beau demain.	*Ich möchte gern, dass morgen schönes Wetter ist.*

Ausdruck der **Pflicht**

Il faut qu'il apprenne l'espagnol pour son travail.	*Er muss für seine Arbeit Spanisch lernen.*

Ausdruck der **Möglichkeit** und des **Zweifels**

Il se peut que le train ait du retard.	*Es ist möglich, dass der Zug Verspätung hat.*

Ausdruck der **Gefühle** und der **Eindrücke**

Les enfants sont **contents que tu sois** là.	*Die Kinder freuen sich, dass du da bist.*
Il est étonnant qu'il n'ait pas fait d'études.	*Es ist erstaunlich, dass er nicht studiert hat.*

Subjonctif oder indicatif?

Bei den Verben des Sagens und Denkens, der Sicherheit und der Wahrscheinlichkeit ist der Gebrauch des *subjonctif* im *que*-Satz **nicht automatisch**:

Aussagesatz/*est-ce que*-Frage/Intonationsfrage + indicatif

Il pense qu'elle **est** douée. — *Er denkt, dass sie begabt ist.*
Est-ce qu'il pense qu'elle **est** douée ? / Il pense qu'elle **est** douée ? — *Denkt er, dass sie begabt ist?*

Verneinung / Inversionsfrage + *subjonctif*

Il ne pense pas qu'elle **soit** douée. — *Er denkt nicht, dass sie begabt ist.*
Pense-t-il qu'elle **soit** douée ? — *Denkt er, dass sie begabt ist?*

Verben ähnlicher Bedeutung können verschiedene Modi auslösen:

Nous **espérons** que tout **va** bien. — *Wir hoffen, dass alles gut geht.*
Nous **souhaitons** que tout **aille** bien. — *Wir wünschen, dass alles gut geht.*

- Der *subjonctif* im **Adverbialsatz**

Nach manchen Konjunktionen steht der *subjonctif* (vgl. 12.2.2), wie z. B.:

Il a acheté une moto **sans que** ses parents le **sachent**. — *Er hat ein Motorrad gekauft, ohne dass seine Eltern es wissen.*

- Der *subjonctif* im **Relativsatz**

In manchen Fällen steht im Relativsatz der *subjonctif*, wie z. B.:

Ausdruck einer **Wunschvorstellung**

Je cherche un appartement qui **soit** très clair. — *Ich suche eine Wohnung, die sehr hell ist.*

Steigerung

C'est le plus beau livre que j'**aie** (jamais) lu. — *Es ist das schönste Buch, das ich je gelesen habe.*

Verneinung oder **Einschränkung**

Il n'y a personne qui **puisse** m'aider. — *Es gibt niemanden, der mir helfen kann.*

10.3 Der Imperativ

Der Imperativ im Französischen hat **nur drei** Personen: die 2. Person Singular, die 1. Person Plural und 2. Person Plural (auch Höflichkeitsform).

10.3.1 Bildung des Imperativs

Die Formen des Imperativ Präsens richten sich in der Regel nach dem *indicatif* Präsens.

Verben auf *-es* in der 2. Person Singular im *indicatif* Präsens enden auf *-e* im Imperativ: Tu parl**es** – Parl**e** !

	parler *sprechen*	**finir** *beenden*	**apprendre** *lernen*
2. Person Singular	parl**e**	finis	apprends
1. Person Plural	parlons	finissons	apprenons
2. Person Plural	parlez	finissez	apprenez

Im Gegensatz zum Deutschen tritt kein Subjektpronomen in der 1. Person und 3. Person Plural hinter das Verb.

Der Imperativ von *avoir* und *être* wird so gebildet:

	avoir *haben*	**être** *sein*
2. Person Singular	aie	sois
1. Person Plural	ayons	soyons
2. Person Plural	ayez	soyez

Bei reflexiven Verben im verneinten Imperativ steht das Reflexivpronomen **vor** dem Verb:

	+ **se laver** *sich waschen*	**–** **ne pas se laver**
2. Person Singular	lave-toi*	ne te lave pas
1. Person Plural	lavons-nous	ne nous lavons pas
2. Person Plural	lavez-vous	ne vous lavez pas

* Im bejahten Imperativ wird das unverbundene betonte Personalpronomen *toi* anstatt des Reflexivpronomens *te* verwendet.

10.3.2 Gebrauch des Imperativs

Mit dem Imperativ werden nicht nur Aufforderungen geäußert, sondern auch Wünsche, Anweisungen und Ratschläge:

Le train arrive. **Dépêchez-vous** !	*Der Zug kommt. Beeilen Sie sich!*
Bonne soirée ! **Amuse-toi** bien !	*Schönen Abend! Viel Spaß!*
Faites gratiner 10 minutes.	*Zehn Minuten überbacken.*
Prends une aspirine, ça va passer.	*Nimm ein Aspirin, es wird bald vorbeigehen.*

10.4 Der Infinitiv

Als infinite Verbform ist der Infinitiv in Person und Zahl unveränderlich.

10.4.1 Bildung des Infinitivs

	Verben der 1. Gruppe	Verben der 2. Gruppe	Verben der 3. Gruppe
Infinitiv Präsens	dans**er**	fin**ir**	prend**re** / ven**ir** / recev**oir**
Infinitiv Perfekt	avoir dansé	avoir fini	avoir pris / être venu / avoir reçu

10.4.2 Gebrauch des Infinitivs

Einige Infinitive sind zu Substantiven geworden:

le **déjeuner**	*das Mittagessen*
le **pouvoir**	*die Macht*
le **souvenir**	*die Erinnerung*

- Die Infinitivkonstruktion **ohne** Präposition

Eine Infinitivkonstruktion ohne Präposition wird in folgenden Fällen verwendet:

Nach den Modalverben oder Verben wie z. B. *aller* (gehen), *sembler / paraître* (scheinen), *laisser* (lassen), *faire* (machen):

Olivier ne **peut** pas **venir**.	*Olivier kann nicht kommen.*
Elle **semble avoir** beaucoup d'argent.	*Sie scheint viel Geld zu haben.*
Je lui **fait faire** ses devoirs.	*Ich helfe ihm bei den Hausaufgaben.*

Nach den Verben des Wünschens, des Denkens und des Sagens, wenn Hauptverb und Nebenverb das gleiche Subjekt haben:

J'**aimerais** beaucoup **aller** au Mexique.	*Ich würde sehr gerne nach Mexiko fahren.*
Nous **pensons avoir trouvé** la bonne solution.	*Wir denken, dass wir eine gute Lösung gefunden haben.*
Il **dit avoir** raison.	*Er sagt, dass er Recht hat.*

Nach den Verben der Wahrnehmung anstelle eines Relativsatzes:

Il regardait les enfants **jouer / qui jouaient** dans le jardin.	*Er schaute zu, wie die Kinder im Garten spielten.*

- Die Infinitivkonstruktion **mit** einer Präposition

Nach manchen Verben steht eine Infinitivkonstruktion mit *à* oder *de* wie z. B.:

Elle a enfin **arrêté de fumer**.	*Sie hat endlich aufgehört zu rauchen.*
As-tu **pensé à acheter** du pain ?	*Hast du daran gedacht, Brot zu kaufen?*

Vor dem Infinitiv stehen auch weitere Präpositionen wie z. B.:

Marc est parti **sans dire** au revoir.	*Marc ist gegangen, ohne sich zu verabschieden.*
Nous avons pris le métro **pour éviter / afin d'éviter** les embouteillages.	*Wir sind mit der Métro gefahren, um die Staus zu vermeiden.*

- Die infinitive Umschreibung des Relativsatzes

Nach *où* oder einem anderen Relativpronomen, dem eine Präposition vorangeht, ist eine Infinitivkonstruktion möglich. Voraussetzung ist aber, dass das Hauptverb und das Verb im Infinitiv das gleiche Subjekt haben:

Il cherche un hôtel **où passer** la nuit.	*Er sucht ein Hotel, wo er übernachten kann.*
Il n'a personne à qui parler.	*Er hat niemanden, mit dem er sprechen kann.*

- Die infinitive Umschreibung des *que*- oder Adverbialsatzes

Haben das Hauptverb und das Verb im Infinitiv **das gleiche Subjekt**, so **kann** der *que*-Satz oder der Adverbialsatz mit einer Infinitivkonstruktion umschrieben werden:

Il **espère pouvoir** faire du ski.(= Il espère qu'il pourra faire du ski.)	*Er hofft, dass er Ski fahren kann.*

i

Bei Verben oder Konjunktionen, die den *subjontif* auslösen, ist nur eine Infinitivkonstruktion möglich:

Il **veut s'en aller**. (*vouloir que + subjonctif*)	*Er will weggehen.*
J'ai pris la voiture **pour aller** plus vite. (*pour que + subjonctif*)	*Ich bin mit dem Auto gefahren, um schneller zu sein.*

Konjunktion + subjonctif	entsprechende Präposition + Infinitiv
que	Infinitiv ohne Präposition
avant que	*avant de*
de peur que / de crainte que	*de peur de / de crainte de*
de façon que / de manière que	*de façon à / de manière à*
pour que / afin que	*pour / afin de*
sans que	*sans*
le temps que	*le temps de*
en attendant que	*en attendant de*

Falls das Objekt des Hauptverbs und das Subjekt des Nebensatzes der gleichen Person entsprechen, so ist ebenfalls **nur** eine Infinitivkonstruktion möglich:

Je **te** conseille **de prendre** des vacances. — *Ich gebe dir den Rat, Urlaub zu machen.*

10.5 Das Partizip

10.5.1 Das Partizip Perfekt

- Bildung des Partizip Perfekt

	Infinitiv	Partizip Perfekt
Verben der 1. Gruppe	danser	dans**é**
Verben der 2. Gruppe	finir	fin**i**
Verben der 3. Gruppe*	faire	fai**t**
	dire	di**t**
	venir	ven**u**
	ouvrir	ouv**ert**
	savoir	s**u**
Hilfsverb sein	être	**été**
Hilfsverb haben	avoir	**eu**

* Zur Bildung des Partizip Perfekt bei den Verben der 3. Gruppe vgl. Verbtabelle.

- Gebrauch des Partizip Perfekt mit dem Hilfsverb *avoir* oder *être*

Das Partizip Perfekt wird zur Bildung der **zusammengesetzten Zeiten** als **Verbform** mit dem Hilfsverb *avoir* oder *être* verwendet:

Les enfants **sont allés** au cinéma. — *Die Kinder sind ins Kino gegangen.*
J'**ai rencontré** Alice dans le métro. — *Ich habe Alice in der Métro getroffen.*

Im Französischen steht bei den reflexiven Verben das Partizip Perfekt **immer** mit dem Hilfsverb *être*:

Nous **nous sommes revus** dix ans plus tard.	*Wir haben uns zehn Jahre später wieder gesehen.*

Das Partizip Perfekt wird im Französischen zur Bildung des **Passivs** stets mit dem Hilfsverb *être* (= werden) verwendet:

Son appartement a **été** cambriolé.	*In seine Wohnung wurde eingebrochen.*

- Gebrauch des Partizip Perfekts als Adjektiv

In manchen Fällen ist das französische Partizip Perfekt zum Adjektiv geworden:

un placard **ouvert**	*ein offener Schrank*
une personne **émue**	*eine gerührte Person*

Das zum Adjektiv gewordene Partizip Perfekt sollte nicht mit dem entsprechenden Verbaladjektiv verwechselt werden:

Partizip Perfekt als Adjektiv (passivische Bedeutung)		**Verbaladjektiv (aktivische Bedeutung)**	
énervé	*genervt*	énervant	*nervig*
fatigué	*müde*	fatigant	*anstrengend*
surpris	*überrascht*	surprenant	*überraschend*
déçu	*enttäuscht*	décevant	*enttäuschend*
ému	*gerührt*	émouvant	*rührend*

- Angleichung des **mit dem Hilfsverb avoir** verbundenen Partizip Perfekt:

Das mit *avoir* verbundene Partizip Perfekt ist **unveränderlich**,

Claire a achet**é** des tulipes.	*Claire hat Tulpen gekauft.*

außer wenn ein direktes Objekt dem Hilfsverb vorangeht. Es gibt dann eine Angleichung des Partizip Perfekts an das direkte Objekt:

Elle **les** a trouv**ées** au marché. (les = les tulipes)	*Sie hat sie auf dem Markt gefunden.*
Veux-tu voir les photos **que** j'ai pri**ses** au Brésil ?	*Willst du die Bilder sehen, die ich in Brasilien aufgenommen habe?*

Geht **en** dem mit dem Hilfsverb *avoir* verbundenen Partizip Perfekt voraus, gibt es jedoch keine Angleichung:

Sachant combien tu aimes les asperges, j'**en** ai **acheté** pour ce soir. — *Da ich weiß, wie gerne du Spargel magst, habe ich welchen für heute Abend gekauft.*

Bei den Verben der Wahrnehmung stimmt das mit *avoir* verbundene Partizip Perfekt mit dem vorangehenden direkten Objekt nur überein, wenn dieses Subjekt des Infinitivs ist:

Les acteurs que nous avons vu**s** **jouer** dans ce film sont excellents. — *Die Schauspieler, die wir in diesem Film spielen sahen, sind hervorragend.*

Aber:
La pièce que nous avons v**u** **jouer** au théâtre était excellente — *Das Stück, das wir im Theater gesehen haben, war hervorragend.*

- Angleichung des **mit dem Hilfsverb être** verbundenen Partizip Perfekts

Das mit *être* verbundene Partizip Perfekt stimmt **immer** mit dem Subjekt überein:

Nathalie est parti**e** en vacances. — *Nathalie ist in Urlaub gegangen.*

Bei den **reflexiven Verben** stimmt das Partizip Perfekt mit dem vorangehenden direkten Objekt überein. Steht das direkte Objekt jedoch nach dem Verb, so ist das Partizip Perfekt unveränderlich:

Elle **s**'est lavé**e**. — *Sie hat sich gewaschen.*
Elle s'est lav**é** les mains. — *Sie hat sich die Hände gewaschen.*

Bei den **nur reflexiven Verben** stimmt das Partizip Perfekt mit dem Subjekt überein:

Leur chienne s'est échappé**e**. — *Ihre Hündin ist weggelaufen.*

10.5.2 Das Partizip Präsens

Im Französischen wird zwischen dem Partizip Präsens als Verbalform und dem Verbaladjektiv unterschieden.

- Bildung des Partizip Präsens

Das Partizip Präsens wird so gebildet: Verbstamm der 1. Person Plural *indicatif* Präsens + Endung *-ant*:

	chanter *singen*	**finir** *beenden*	**prendre** *nehmen*
1. Pers. Plural indicatif Präsens	nous chant-ons	nous finiss-ons	nous pren-ons
Partizip Präsens	chant**ant**	finiss**ant**	pren**ant**

Ausnahmen:

	être *sein*	**avoir** *haben*	**savoir** *wissen*
Partizip Präsens	étant	ayant	sachant

- Gebrauch des Partizip Präsens als Verbalform

Als infinite Verbform ist das Partizip Präsens in Person und Zahl **unveränderlich**. Es hat meist eine Ergänzung und steht anstelle eines Relativsatzes oder eines Adverbialsatzes:

Ayant la grippe, elle préfère rester à la maison. (= Comme elle a la grippe, ...) — *Da sie die Grippe hat, bleibt sie lieber zu Hause.*

- Gebrauch des Verbaladjektivs

Das in manchen Fällen zum Verbaladjektiv gewordene Partizip Präsens ist in Geschlecht und Zahl **veränderlich.** Es hat keine Ergänzung:

des personnes **intéressantes** — *interessante Personen*
une femme **charmante** — *eine charmante Frau*

10.5.3 Das gérondif

Als infinite Verbform ist das *gérondif* in Person und Zahl **unveränderlich**.

- Bildung des *gérondif: en* + Partizip Präsens:

	Partizip Präsens	**gérondif**
chanter *singen*	chantant	**en chantant**
finir *beenden*	finissant	**en finissant**
prendre *nehmen*	prenant	**en prenant**
être *sein*	étant	**en étant**
avoir *haben*	ayant	**en ayant**
savoir *wissen*	sachant	**en sachant**

- Gebrauch des *gérondif*

Das *gérondif* wird oft im Französischen anstelle eines Adverbialsatzes verwendet:

Il a rencontré Yves **en allant** à la pharmacie. (= ... quand il est allé ...) — *Er hat Yves getroffen, als er zur Apotheke ging.*

11 Die Präpositionen

Die Präpositionen sind unveränderlich. Beachten Sie jedoch die Verschmelzung der Präpositionen *à* und *de* mit dem bestimmten Artikel *le* und *les* (vgl. Kap. 1).

11.1 Gebrauch der Präpositionen des Ortes

à Toulouse	*in Toulouse*	*à* + Städtenamen
au Brésil	*in Brasilien*	*à* + männliche Ländernamen, die mit einem Konsonanten beginnen
aux États-Unis	*in die/den Vereinigten Staaten*	*à* + männliche Ländernamen im Plural
à Chypre **aux** Antilles	*auf Zypern* *auf den Antillen*	*à* + Inselnamen, die ohne Artikel oder im Plural stehen
à l'est / **au** nord de Paris	*östlich/nördlich von Paris*	*à* + Himmelsrichtung
à droite / **à** gauche de	*rechts/links von*	*à* + Ortsangabe
au cinéma / **au** théâtre	*ins/im Kino/Theater*	
à la campagne / **à** la montagne	*auf das/dem Land/in die/den Berge(n)*	
à côté de Brest	*neben/bei Brest*	*à côté de* + Ortsangabe
au dessus/dessous de la maison	*oberhalb von, über/unterhalb von, unter*	*au dessus/dessous de* + Ortsangabe
chez le médecin	*beim/zum Arzt*	*chez* + Ortsangabe (bei einer Person)
dans la rue **dans** la cuisine	*auf die/der Straße* *in die/der Küche*	*dans* + konkrete Ortsangabe
Il arrive **du** Mexique. **de** Paris **à** Bordeaux	*Er kommt aus Mexiko an.* *von Paris nach Bordeaux*	*de* + Herkunftsort *de* + Herkunftsort ... *à* + Zielort
derrière la maison	*hinter dem Haus*	*derrière* + Ortsangabe
devant la maison	*vor das/dem Haus*	*devant* + Ortsangabe
en France	*in Frankreich*	*en* + weibliche Ländernamen
en Israël	*in Israel*	*en* + männliche Ländernamen, die mit einem Vokal beginnen
en Europe	*in Europa*	*en* + Namen von Kontinenten
en Corse **Aber:** **à la** Martinique	*auf Korsika* *auf Martinique*	*en* + Inselnamen, die mit Artikel stehen

entre la marie et l'école	*zwischen dem Rathaus und der Schule*	*entre ... et ...* + Ortsangaben
jusqu'au croisement	*bis zu der Kreuzung*	*jusque* + Präposition+ Ortsangabe
Elle part **pour** Nice. **sous** la table **sur** la table **vers** la sortie	*Sie fährt nach Nizza.* *unter den/dem Tisch* *auf den/dem Tisch* *Richtung Ausgang*	*pour* + Zielort *sous* + Ortsangabe *sur* + Ortsangabe *vers* + Richtungsangabe

Anders als im Deutschen können die Präpositionen **à**, **en**, **chez** und **de** sowohl einen Aufenthaltsort als auch einen Ziel- oder Herkunftsort bezeichnen.

Il est **à** la maison. — *Er ist zu Hause.*
Il va **à** la maison. — *Er geht nach Hause.*

11.2 Gebrauch der Präpositionen der Zeit

à 13 heures **au** XXe siècle **au** printemps **à** Noël **au mois d'**août	*um 13 Uhr* *im 20. Jahrhundert* *im Frühjahr* *zu Weihnachten* *im August*	*à* + Uhrzeit *à* + Angabe des Jahrhunderts *à* + Name der Jahreszeit, die mit einem Konsonanten beginnt *à* + genauer Zeitpunkt *au mois de* + Monatsname
à partir de juin	*ab Juni*	*à partir de* + Zeitangabe = Anfangspunkt in der Gegenwart oder der Zukunft
après le dîner	*nach dem Abendessen*	*après* + Zeitangabe
avant le dîner	*vor dem Abendessen*	*avant* + Zeitangabe
dans 5 minutes	*in 5 Minuten*	*dans* + Zeitangabe = kommender Zeitpunkt
du 10 mai **au** 5 juin	*vom 10. Mai bis zum 5. Juni*	*de ... à* + Zeitangaben = genauer Zeitraum
depuis 5 ans	*seit 5 Jahren*	*depuis* + Zeitangabe = Anfangspunkt eines Geschehens, das noch bis in die Gegenwart wirkt.
en 1999 **en** avril	*1999* *im April*	*en* + Jahreszahl *en* + Monatsname

en été	*im Sommer*	*en* + Name der Jahreszeit, die mit einem Vokal oder stummem h beginnt.
entre 1990 et 1991	*zwischen 1990 und 1991*	*entre ... et ...* = genauer Zeitraum
pendant / **durant** ses études	*während seines Studiums*	*pendant*/*durant* verweist auf einen Zeitraum
Elle est à Paris **pour** 6 mois.	*Sie ist für 6 Monate in Paris.*	*pour* + Zeitangabe = geplanter Zeitraum
vers midi	*gegen Mittag*	*vers* + Zeitangabe (ungenauer Zeitpunkt)

11.3 Gebrauch der Präpositionen des Mittels und der Art und Weise

laver **à** la main dessiner **au** crayon **aller à** pied / **à** cheval	*mit der Hand waschen* *mit dem Bleistift zeichnen* *zu Fuß gehen/reiten*	*à* + Verfahrensweise *à* + Fortbewegungsart (in best. Wendungen)
avec un couteau raconter **avec** humour	*mit einem Messer* *mit Humor erzählen*	*avec* + Werkzeug *avec* + Eigenschaft
parler **d'**une voix joyeuse trembler **de** froid	*mit fröhlicher Stimme sprechen* *vor Kälte zittern*	*de* + Körperteil = Verhaltensweise *de* + Angabe der Ursache
aller **en** voiture / **en** avion / **en** train **en** or / **en** argent une veste **en** / **de** fourrure	*mit dem Auto/Flugzeug/Zug fahren* *aus Gold/Silber* *eine Pelzjacke*	*en* +Verkehrsmittel *en* + Materialbezeichnung In manchen Wendungen steht auch *de*.
par politesse envoyer **par** la poste	*aus Höflichkeit* *mit der Post senden*	*par* + Verhaltensweise *par* + Versendungsart

11.4 Gebrauch der Präpositionen mit Zahlen

50 kilomètres **à** l'heure	*50 Kilometer pro Stunde*	*à* + Angabe der Geschwindigkeit
à 3 kilomètres du centre-ville	*3 Kilometer von der Stadtmitte entfernt*	*à* + Angabe der Entfernung
des fraises **à** 12 francs la livre	*Erdbeeren zu 12 Francs das Kilo*	*à* + Angabe des Preises
un kilo **de** sucre	*ein Kilo Zucker*	*de* + Mengenangabe
maigrir / grossir **de** 10 kilos	*10 Kilo abnehmen/zunehmen*	*de* + Angabe des Maßes (in best. Wendungen)
une fois **par** semaine	*einmal die Woche*	*par* + Angabe der Häufigkeit
un jour **sur** deux	*jeder zweiter Tag*	*sur* + Angabe der Häufigkeit

11.5 Wiederholung und Auslassung der Präpositionen

Außer vor Zahlen werden die Präpositionen **à, en** und **de** vor jeder Ergänzung wiederholt.

Il a parlé **de** sa fille et **de** son gendre. — *Er hat von seiner Tochter und seinem Schwiegersohn gesprochen.*

Aber:

C'est **à** deux ou trois kilomètres d'ici. — *Es ist zwei oder drei Kilometer von hier entfernt.*

12 Die Konjunktionen

Die Konjunktionen sind unveränderliche Bindewörter, die zur Verknüpfung mehrerer Wörter bzw. Teilsätze verwendet werden. Man unterscheidet zwischen den nebenordnenden Konjunktionen und den unterordnenden Konjunktionen.

12.1 Gebrauch der nebenordnenden Konjunktionen

Die nebenordnenden Konjunktionen verbinden zwei gleichrangige Hauptsätze oder Wörter miteinander.

mais	*aber, sondern*	J'aime bien la mer, **mais** je préfère la montagne. *Ich mag das Meer gerne, aber ich ziehe die Berge vor.*
ou	*oder*	On prend des fraises **ou** des cerises ? *Nehmen wir Erdbeeren oder Kirschen?*
et	*und*	Il a un frère **et** une sœur. *Er hat einen Bruder und eine Schwester.*
donc	*also*	Cédric a la grippe, **donc** il ne viendra pas ce soir. *Cédric hat Grippe. Er kommt also heute Abend nicht.*
or	*nun, aber*	Je voulais acheter du pain ; **or** la boulangerie était fermée. *Ich wollte Brot kaufen, aber die Bäckerei war geschlossen.*
ni ... ni	*weder ... noch*	Isabelle n'aime **ni** le café **ni** le thé. *Isabelle mag weder Kaffee noch Tee.*
car	*denn*	Il faut que je parte, **car** mon mari m'attend. *Ich muss gehen, denn mein Mann wartet auf mich.*

12.2 Gebrauch der unterordnenden Konjunktionen

Die unterordnenden Konjunktionen leiten einen Nebensatz ein.

Anders als im Deutschen steht das Verb im Nebensatz **nach** dem Subjekt.

Je prendrai le train **parce que** ma voiture **est** au garage.	*Ich werde mit dem Zug fahren, weil mein Auto in der Werkstatt ist.*

12.2.1 Die Konjunktion que

Das Modus im *que*-Satz wird durch bestimmte Verben, Adjektive oder feste Wendungen im Hauptsatz ausgelöst.

- **que + indicatif** (nach Verben der Erklärung, der Behauptung und der Sicherheit)

  Il **affirme que** tout **va** bien. — *Er behauptet, dass alles in Ordnung ist.*

- **que + subjonctif** (vgl 9.2.2)

  Il **est heureux que** tout **aille** bien. — *Er freut sich, dass alles in Ordnung ist.*

12.2.2 Die weiteren wichtigsten Konjunktionen

Abhängig von der Konjunktion steht das Verb im Nebensatz im *indicatif* bzw. *conditionnel* oder im *subjonctif*.

Verb im indicatif/conditionnel		Verb im subjonctif	
temporale Konjunktionen			
après que	*nachdem*	avant que	*bevor*
depuis que	*seitdem*	en attendant que	*bis*
dès que	*sobald*	jusqu'à ce que	*solange bis*
pendant que / alors que	*während*		
quand / lorsque	*wenn, als*		
tant que	*solange*		
kausale Konjunktionen			
comme	*da*		
étant donné que	*da*		
parce que	*weil*		
puisque	*da/weil*		
konsekutive Konjunktionen			
si bien que	*sodass*	assez (+ Adj.) pour que	*(Adj) genug, dass*
de sorte que / de (telle) manière que	*sodass*	trop (+ Adj.) pour que	*zu (Adj), dass*
finale Konjunktionen			
		pour / afin que	*damit*
		de sorte que / de manière à ce que	*sodass*
		de peur que	*damit nicht*
konzessive Konjunktionen			
même si	*selbst wenn*	bien que / quoique	*obwohl*
konditionale Konjunktionen			
si	*wenn*	à moins que	*außer wenn*
même si	*selbst wenn*	à condition que	*mit der Bedingung, dass*
modale Konjunktionen			
comme	*wie*	sans que	*ohne dass*
comme si	*als ob*	de manière que / de sorte que*	*sodass, damit*

* Wird hier auf eine tatsächlich verwirklichte Folge verwiesen, so steht der *indicatif*.

13 Die indirekte Rede

Die indirekte Rede im Französischen wird in der Regel als **que-Satz** gebildet, der durch bestimmte Verben wie *dire* (sagen), *répondre* (erwidern), *demander* (fragen) eingeleitet wird.

Während die deutsche Sprache in der indirekten Rede das Konjunktiv verwendet, wird im Französischen der *indicatif* bzw. das *conditionnel* benutzt. Der *subjonctif* steht nur nach bestimmten Verben (vgl. 9.2.2).

Die indirekte Rede ist mit fest geregelten **grammatischen Änderungen** verbunden.

13.1 Änderung der Personenangaben

Angaben über den Sprecher → 1. Person *je, nous*
Angaben über den Gesprächspartner → 2. Person *tu, vous*
Angaben über Dritten → 3. Person *il(s), elle(s)*

direkte Rede	indirekte Rede
Claire lui dit : « **Tu** es en retard. » *Claire sagt ihm: „Du bist zu spät."*	Claire lui dit qu'**il** est en retard. *Claire sagt ihm, dass er zu spät ist.*

13.2 Änderung der Zeitangaben

Steht das einleitende Verb in der Vergangenheit und besteht kein Bezug zum Sprechzeitpunkt, so erfolgt eine Verschiebung der Zeitangaben:

Bezug zum Sprechzeitpunkt:			kein Bezug zum Sprechzeitpunkt:	
aujourd'hui	heute	→	ce jour-là	*an jenem Tag*
demain	*morgen*	→	le lendemain	*am darauf folgenden Tag*
hier	*gestern*	→	la veille	*am Vortag*

direkte Rede	indirekte Rede
Je répondis : « J'ai téléphoné **hier**. » *Ich erwiderte: „Ich habe gestern angerufen."*	Je répondis que j'avais téléphoné **la veille**. *Ich erwiderte, dass ich am Vortag angerufen hatte.*

13.3 Die Zeitenfolge in der indirekten Rede

Steht das einleitende Verb in der Vergangenheit, so gilt folgende Zeitenfolge:

direkte Rede		**indirekte Rede**
Präsens	→	Imperfekt
passé composé	→	Plusquamperfekt
Imperfekt	→	Imperfekt
Plusquamperfekt	→	Plusquamperfekt
passé simple	→	Plusquamperfekt
Futur I /II	→	*conditionnel présent / passé*
conditionnel présent/ passé	→	*conditionnel présent / passé*

direkte Rede	indirekte Rede
Elle a dit : « Olivier t'**aidera**. » *Sie hat gesagt: „Olivier wird dir helfen."*	Elle a dit qu'Olivier m'**aiderait**. *Sie hat gesagt, dass Olivier mir helfen wird.*

14 Die Wortstellung im Satz

14.1 Der Aussagesatz

Im französischen Aussagesatz gilt **grundsätzlich** folgende Wortfolge

Subjekt + Prädikat

Subjekt +	**Verb**
Isabelle	travaille.
Isabelle	*arbeitet.*

Subjekt +	**Verb**	**+ direktes Objekt**	**(+ indirektes Objekt)**
Elle	écrit	une lettre	(à un client).
Sie	*schreibt*	*(einem Kunden)*	*einen Brief.*

Subjekt +	**Hilfsverb**	**+ Partizip Perfekt**	**+ direktes Objekt**	**(+ indirektes Objekt)**
Elle	a	écrit	une lettre	(à un client).
Sie	*hat*	*(einem Kunden)*	*einen Brief*	*geschrieben.*

Hervorhebung des Subjektes bzw. direkten Objektes:

Das Subjekt bzw. das direkte Objekt wird durch das entsprechende Personalpronomen wieder aufgenommen

Ces fleurs, je **les** aime beaucoup.	*Diese Blumen habe ich sehr gern.*

oder durch die Umschreibung **c'est ... qui** für das Subjekt und **c'est ... que** für das direkte Objekt besonders hervorgehoben:

C'est Mathieu **qui** a gagné !	*Mathieu hat gewonnen!*
C'est le vin **que** je préfère.	*Diesen Wein habe ich am liebsten.*

14.2 Der Fragesatz

Im Französischen gibt es bei der Gesamtfrage und der Teilfrage drei Formen der Fragestellung, die vom Sprachniveau abhängig sind: Die **Inversionsfrage** gehört der geschriebenen bzw. gehobenen Sprache an, die **Intonationsfrage** (nur durch Anheben der Stimme gekennzeichnet) wird in der gesprochenen bzw. Umgangssprache verwendet, während die **est-ce que-Frage** sowohl in der gesprochenen als auch in der geschriebenen Sprache benutzt werden kann.

14.2.1 Die Gesamtfrage

Die Gesamtfrage wird **ohne Fragewort** gebildet. Sie bezieht sich auf den ganzen Satz und wird mit *oui* (ja) oder *non* (nein) beantwortet.

Inversionsfrage **Verb + Subjekt**	Aimes-tu le chocolat ? *Magst du Schokolade?*
est-ce que-Frage **est-ce que + Subjekt + Verb**	Est-ce que tu aimes le chocolat ? *Magst du Schokolade?*
Intonationsfrage **Subjekt + Verb**	Tu aimes le chocolat ? *Magst du Schokolade?*

14.2.2 Die Teilfrage

Bei der Teilfrage wird **durch ein Fragewort** nach einem einzelnen Satzteil gefragt.

Inversionsfrage **Fragewort + Verb + Subjekt**	Quand partez-vous ? *Wann gehen Sie ?*
est-ce que-Frage **Fragewort (= Subjekt) + est-ce qui + Verb** **Fragewort + est-ce que + Subjekt + Verb**	 Qui est-ce qui a téléphoné ? *Wer hat angerufen?* Qu'est-ce que tu veux ? *Was willst du?*
Intonationsfrage **Subjekt + Verb + Fragewort**	Vous habitez où ? *Wo wohnen Sie?*

14.2.3 Die Fragewörter

qui	*wer*	Qui est là ? *Wer ist da?*
que	*was*	Que voulez-vous ? *Was wollen Sie?*
Präposition + quoi		Tu penses à quoi ? *Woran denkst du?*
lequel	*welcher*	Laquelle est-ce que tu veux ? *Welche möchtest du?*
quel* + Substantiv	*welcher*	Quelle heure est-il ? *Wie spät ist es?*
combien	*wie viel*	Combien ça coûte ? *Wie viel kostet es?*
pourquoi	*warum*	Pourquoi ris-tu ? *Warum lachst du?*
où	*wo, wohin*	Où est-ce qu'ils vont ? *Wohin gehen sie?*
quand	*wann*	Vous partez quand ? *Wann geht ihr/gehen Sie?*
comment	*wie*	Comment ça va ? *Wie geht's?*

Über die Interrogativpronomen *qui*, *que*, *quoi*, *lequel* vgl. 3.6.

* Der **Interrogativbegleiter quel** ist veränderlich und richtet sich in Geschlecht und Zahl nach dem Substantiv, das er begleitet.

	Singular	Plural
Maskulinum	quel	quels
Femininum	quelle	quelles

14.3 Die Verneinung

Die Verneinung besteht im Französischen aus zwei Teilen, die das konjugierte Verb umschliessen.

i Vor Vokalen oder stummen *h* wird *ne* zu *n'*.

Subjekt + ne + Verb + pas bei einfachen Zeiten:

Vincent **ne** parle **pas** l'espagnol. *Vincent spricht nicht Spanisch.*

Subjekt + ne + Hilfsverb + pas + Partizip Perfekt bei zusammengesetzten Zeiten:

Elle **n'**est **pas** venue. *Sie ist nicht gekommen.*

Subjekt + ne + Personalpronomen + Verb + pas:

Je **ne** vous connais **pas.** *Ich kenne Sie nicht.*

Weitere Formen der Verneinung

ne ... plus	*nicht mehr*	Yann **ne** fait **plus** de ski. *Yann fährt nicht mehr Ski.*
ne ... (encore) jamais	*(noch) nie*	Je **ne** suis (encore) **jamais** allé à Boston. *Ich war (noch) nie in Boston.*
ne ... pas toujours	*nicht immer*	Son travail **n'**est **pas toujours** simple. *Seine Arbeit ist nicht immer einfach.*
ne ... pas encore	*noch nicht*	Je **n'**ai **pas encore** lu le journal. *Ich habe die Zeitung noch nicht gelesen.*
ne ... ni ... ni	*weder ... noch*	Elle **n'**a **ni** faim **ni** soif. *Sie hat weder Hunger noch Durst.*
ne ... aucun	*kein*	Il **n'**y a **aucun** problème ! *Es gibt keine Probleme!*
ne ... personne	*niemand*	Je **n'**ai vu **personne**. *Ich habe niemanden gesehen.*
ne ... rien	*nichts*	Je **ne** peux **rien** faire pour vous. *Ich kann für Sie nichts machen.*

Anmerkung

Im Satz ohne Verb entfällt das *ne*:

Tu aimes le poisson ? – **Non, pas du tout**. *Magst du Fisch? – Nein, überhaupt nicht.*

Die wichtigsten unregelmäßigen Verben

Außer im Präsens werden folgende Konjugationen in der ersten Person Singular angegeben. Treten Abweichungen auf, so werden die erste und dritte Person Plural angegeben:

Infinitiv	Indicatif Präsens	Futur I	Imparfait	Passé simple
acquérir *auch* conquérir	j'acquiers, tu acquiers, il / elle acquiert, nous acquérons, vous acquérez, ils / elles acquièrent	j'acquerrai	j'acquérais	j'acquis
aller	je vais, tu vas, il / elle va, nous allons, vous allez, ils / elles vont	j'irai	j'allais	j'allai
asseoir	j'assieds / assois, tu assieds / assois, il / elle assied / assoit, nous asseyons / assoyons, vous asseyez / assoyez, ils / elles asseyent / assoient	j'assiérai / assoirai	j'asseyais / assoyais	j'assis
battre *auch* com-battre	je bats, tu bats, il / elle bat, nous battons, vous battez, ils / elles battent	je battrai	je battais	je battis
boire	je bois, tu bois, il / elle boit, nous buvons, vous buvez, ils / elles boivent	je boirai	je buvais	je bus
bouillir	je bous, tu bous il / elle bout, nous bouillons, vous bouillez, ils / elles bouillent	je bouillirai	je bouillais	je bouillis
conduire	je conduis, tu conduis, il / elle conduit, nous conduisons, vous conduisez, ils / elles conduisent	je conduirai	je conduisais	je conduisis
connaître	je connais, tu connais, il / elle connaît, nous connaissons, vous connaissez, ils / elles connaissent	je connaîtrai	je con-naissais	je connus
coudre	je couds, tu couds, il / elle coud, nous cousons, vous cousez, ils / elles cousent	je coudrai	je cousais	je cousis
courir *auch* parcourir	je cours, tu cours, il / elle court, nous courons, vous courez, ils / elles courent	je courrai	je courais	je courus

Conditionnel I	Subjonctif Präsens	Imperativ	Partizip Präsens	Partizip Perfekt
j'acquerrais	que j'acquière, que nous acquérions, qu'ils / elles acquièrent	acquiers, acquérons, acquérez	acqué-rant	acquis
j'irais	que j'aille, que nous allions, qu'ils / elles aillent	va, allons, allez	allant	allé
j'assiérais / assoirais	que j'asseye / assoie, que nous asseyions / assoyions, qu'ils / elles asseyent / assoient	assieds / assois, asseyons / assoyons, asseyez / assoyez	asse-yant / assoyant	assis
je battrais	que je batte	bats, battons, battez	battant	battu
je boirais	que je boive, que nous buvions, qu'ils / elles boivent	bois, buvons, buvez	buvant	bu
je bouillirais	que je bouille, que nous bouillions, qu'ils / elles bouillent	bous, bouillons, bouillez	bouillant	bouilli
je conduirais	que je conduise	conduis, condui-sons, conduisez	condui-sant	conduit
je connaî-trais	que je connaisse	connais, connais-sons, connaissez	connais-sant	connu
je coudrais	que je couse	couds, cousons, cousez	cousant	cousu
je courrais	que je coure	cours, courons, courez	courant	couru

Infinitiv	Indicatif Präsens	Futur I	Imparfait	Passé simple
couvrir *auch* découvrir	je couvre, tu couvres, il / elle couvre, nous couvrons, vous couvrez, ils / elles couvrent	je couvrirai	je couvrais	je couvris
craindre *auch* plaindre	je crains, tu crains, il / elle craint, nous craignons, vous craignez, ils / elles craignent	je craindrai	je crai-gnais	je craignis
croire	je crois, tu crois, il / elle croit, nous croyons, vous croyez, ils / elles croient	je croirai	je croyais	je crus
croître *auch* accroître	je croîs, tu croîs, il / elle croît, nous croissons, vous croissez, ils / elles croissent	je croîtrai	je croissais	je crûs
cueillir *auch* accueillir	je cueille, tu cueilles, il / elle cueille, nous cueillons, vous cueillez, ils / elles cueillent	je cueillerai	je cueillais	je cueillis
devoir	je dois, tu dois, il / elle doit, nous devons, vous devez, ils / elles doivent	je devrai	je devais	je dus
dire *auch* interdire	je dis, tu dis, il / elle dit, nous disons, vous dites, ils / elles disent	je dirai	je disais	je dis
dormir	je dors, tu dors, il / elle dort, nous dormons, vous dormez, ils / elles dorment	je dormirai	je dormais	je dormis
écrire *auch* décrire	j'écris, tu écris, il / elle écrit, nous écrivons, vous écrivez, ils / elles écrivent	j'écrirai	j'écrivais	j'écrivis
exclure *auch* conclure	j'exclus, tu exclus, il / elle exclut, nous excluons, vous excluez, ils / elles excluent	j'exclurai	j'excluais	j'exclus
extraire *auch* distraire	j'extrais, tu extrais, il / elle extrait, nous extrayons, vous extrayez, ils / elles extraient	j'extrairai	j'extrayais	
faillir		je faillirai		je faillis

Conditionnel I	Subjonctif Präsens	Imperativ	Partizip Präsens	Partizip Perfekt
je couvrirais	que je couvre	couvre, couvrons, couvrez	couvrant	couvert
je craindrais	que je craigne	crains, craignons, craignez	craignant	craint
je croirais	que je croie, que nous croyions, qu'ils / elles croient	crois, croyons, croyez	croyant	cru
je croîtrais	que je croisse	croîs, croissons, croissez	croissant	crû / crus / crue(s)
je cueillerais	que je cueille	cueille, cueillons, cueillez	cueillant	cueilli
je devrais	que je doive, que nous devions, qu'ils / elles doivent		devant	dû / dus / due(s)
je dirais	que je dise	dis, disons, dites	disant	dit
je dormirais	que je dorme	dors, dormons, dormez	dormant	dormi
j'écrirais	que j'écrive	écris, écrivons, écrivez	écrivant	écrit
j'exclurais	que j'exclue, que nous excluions, qu'ils / elles excluent	exclus, excluons, excluez	excluant	exclu
j'extrairais	que j'extraie, que nous extrayions, qu'ils / elles extraient	extrais, extrayons, extrayez	extrayant	extrait
je faillirais				failli

Infinitiv	Indicatif Präsens	Futur I	Imparfait	Passé simple
faire	je fais, tu fais, il / elle fait, nous faisons, vous faites, ils / elles font	je ferai	je faisais	je fis
falloir*	il faut	il faudra	il fallait	il fallut
fuir *auch* s'enfuir	je fuis, tu fuis, il / elle fuit, nous fuyons, vous fuyez, ils / elles fuient	je fuirai	je fuyais, nous fuyions, ils / elles fuyaient	je fuis
joindre *auch* rejoindre	je joins, tu joins, il / elle joint, nous joignons, vous joignez, ils / elles joignent	je joindrai	je joignais	je joignis
lire *auch* élire	je lis, tu lis, il / elle lit, nous lisons, vous lisez, ils / elles lisent	je lirai	je lisais	je lus
mettre *auch* permettre	je mets, tu mets, il / elle met, nous mettons, vous mettez, ils / elles mettent	je mettrai	je mettais	je mis
mordre *auch* tordre	je mords, tu mords, il / elle mord, nous mordons, vous mordez, ils / elles mordent	je mordrai	je mordais	je mordis
moudre	je mouds, tu mouds, il / elle moud, nous moulons, vous moulez, ils / elles moulent	je moudrai	je moulais	je moulus
mourir	je meurs, tu meurs, il / elle meurt, nous mourons, vous mourez, ils / elles meurent	je mourrai	je mourais	je mourus
naître	je nais, tu nais, il / elle naît, nous naissons, vous naissez, ils / elles naissent	je naîtrai	je naissais	je naquis
ouvrir *auch* offrir	j'ouvre, tu ouvres, il / elle ouvre, nous ouvrons, vous ouvrez, ils / elles ouvrent	j'ouvrirai	j'ouvrais	j'ouvris
peindre *auch* éteindre	je peins, tu peins, il / elle peint, nous peignons, vous peignez, ils / elles peignent	je peindrai	je peignais	je peignis

Conditionnel I	Subjonctif Präsens	Imperativ	Partizip Präsens	Partizip Perfekt
je ferais	que je fasse	fais, faisons, faites	faisant	fait
il faudrait	qu'il faille			fallu
je fuirais	que je fuie, que nous fuyions, qu'ils / elles fuient	fuis, fuyons, fuyez	fuyant	fui
je joindrais	que je joigne	joins, joignons, joignez	joignant	joint
je lirais	que je lise	lis, lisons, lisez	lisant	lu
je mettrais	que je mette	mets, mettons, mettez	mettant	mis
je mordrais	que je morde	mords, mordons, mordez	mordant	mordu
je moudrais	que je moule	mouds, moulons, moulez	moulant	moulu
je mourrais	que je meure, que nous mourions, qu'ils / elles meurent	meurs, mourons, mourez	mourant	mort
je naîtrais	que je naisse	nais, naissons, naissez	naissant	né
j'ouvrirais	que j'ouvre	ouvre, ouvrons, ouvrez	ouvrant	ouvert
je peindrais	que je peigne	peins, peignons, peignez	peignant	peint

Infinitiv	Indicatif Präsens	Futur I	Imparfait	Passé simple
perdre *auch* rendre	je perds, tu perds, il / elle perd, nous perdons, vous perdez, ils / elles perdent	je perdrai	je perdais	je perdis
plaire *auch* se taire	je plais, tu plais, il / elle plaît, nous plaisons, vous plaisez, ils / elles plaisent	je plairai	je plaisais	je plus
pleuvoir*	il pleut	il pleuvra	il pleuvait	il plut
pouvoir	je peux, tu peux, il / elle peut, nous pouvons, vous pouvez, ils / elles peuvent	je pourrai	je pouvais	je pus
prendre *auch* apprendre	je prends, tu prends, il / elle prend, nous prenons, vous pre-nez, ils / elles prennent	je prendrai	je prenais	je pris
recevoir auch apercevoir	je reçois, tu reçois, il / elle reçoit, nous recevons, vous recevez, ils / elles reçoivent	je recevrai	je recevais	je reçus
répondre *auch* tondre	je réponds, tu réponds, il / elle répond, nous répondons, vous répondez, ils / elles répondent	je répondrai	je répondais	je répondis
résoudre *auch* dissoudre	Je résous, tu résous, il / elle résout, nous résolvons, vous résolvez, ils résolvent	je résoudrai	je résolvais	je résolus
rire *auch* sourire	je ris, tu ris, il / elle rit, nous rions, vous riez, ils / elles rient	je rirai	je riais, nous riions	je ris, nous rîmes, ils / elles rirent
rompre *auch* interrompre	je romps, tu romps, il / elle rompt, nous rompons, vous rom-pez, ils / elles rompent	je romprai	je rompais	je rompis
savoir	je sais, tu sais, il / elle sait, nous savons, vous savez, ils / elles savent	je saurai	je savais	je sus
sentir *auch* mentir	je sens, tu sens, il / elle sent, nous sentons, vous sentez, ils / elles sentent	je sentirai	je sentais	je sentis

Condi-tionnel I	Subjonctif Präsens	Imperativ	Partizip Präsens	Partizip Perfekt
je perdrais	que je perde	perds, perdons, perdez	perdant	perdu
je plairais	que je plaise	plais, plaisons, plaisez	plaisant	plu
il pleuvrait	qu'il pleuve		pleuvant	plu
je pourrais	que je puisse		pouvant	pu
je prendrais	que je prenne, que nous prenions, qu'ils / elles prennent	prends, prenons, prenez	prenant	pris
je recevrais	que je reçoive, que nous recevions, qu'ils / elles reçoivent	reçois, recevons, recevez	recevant	reçu
je répondrais	que je réponde	réponds, répondons, répondez	répondant	répondu
je résoudrais	que je résolve	résous, résolvons, résolvez	résolvant	résolu
je rirais	que je rie, que nous riions	ris, rions, riez	riant	ri
je romprais	que je rompe	romps, rompons, rompez	rompant	ropu
je saurais	que je sache	sache, sachons, sachez	sachant	su
je sentirais	que je sente	sens, sentons, sentez	sentant	senti

Infinitiv	Indicatif Präsens	Futur I	Imparfait	Passé simple
servir	je sers, tu sers, il / elle sert, nous servons, vous servez, ils / elles servent	je servirai	je servais	je servis
sortir *auch* partir	je sors, tu sors, il / elle sort, nous sortons, vous sortez, ils / elles sortent	je sortirai	je sortais	je sortis
suivre *auch* poursuivre	je suis, tu suis, il / elle suit, nous suivons, vous suivez, ils / elles suivent	je suivrai	je suivais	je suivis
tenir auch appartenir	je tiens, tu tiens, il / elle tient, nous tenons, vous tenez, ils / elles tiennent	je tiendrai	je tenais	je tins, nous tînmes, ils / elles tinrent
vaincre *auch* convaincre	je vaincs, tu vaincs, il / elle vainc, nous vainquons, vous vainquez, ils / elles vainquent	je vaincrai	je vainquais	je vainquis
valoir	je vaux, tu vaux, il / elle vaut, nous valons, vous valez, ils / elles valent	je vaudrai	je valais	je valus
venir *auch* devenir	je viens, tu viens, il / elle vient, nous venons, vous venez, ils / elles viennent	je viendrai	je venais	je vins, nous vînmes, ils / elles vinrent
vivre auch survivre	je vis, tu vis, il / elle vit, nous vivons, vous vivez, ils / elles vivent	je vivrai	je vivais	je vécus
voir *auch* entrevoir	je vois, tu vois, il / elle voit, nous voyons, vous voyez, ils / elles voient	je verrai	je voyais, nous voyions	je vis
vouloir	je veux, tu veux, il / elle veut, nous voulons, vous voulez, ils / elles veulent	je voudrai	je voulais	je voulus

* Unpersönliche Verben

Condi-tionnel I	Subjonctif Präsens	Imperativ	Partizip Präsens	Partizip Perfekt
je servirais	que je serve	sers, servons, servez	servant	servi
je sortirais	que je sorte	sors, sortons, sortez	sortant	sorti
je suivrais	que je suive	suis, suivons, suivez	suivant	suivi
je tiendrais	que je tienne, que nous tenions, qu'ils / elles tiennent	tiens, tenons, tenez	tenant	tenu
je vaincrais	que je vainque	vaincs, vainquons, vainquez	vain-quant	vaincu
je vaudrais	que je vaille, que nous valions, qu'ils / elles vaillent	vaux (*selten*), valons, valez	valant	valu
je viendrais	que je vienne, que nous venions, qu'ils / elles viennent	viens, venons, venez	venant	venu
je vivrais	que je vive	vis, vivons, vivez	vivant	vécu
je verrais	que je voie, que nous voyions, qu'ils / elles voient	vois, voyons, voyez	voyant	vu
je voudrais	que je veuille, que nous voulions, qu'ils / elles veuillent	veuille, veuillons, veuillez	voulant	voulu

Sachregister

(Die Zahlen beziehen sich auf die Seiten)